你好，短视频！
从零开始做Vlog

孙东山 编著

人民邮电出版社

北京

图书在版编目（CIP）数据

你好，短视频！从零开始做Vlog / 孙东山编著. --北京：人民邮电出版社，2022.8（2023.4重印）
ISBN 978-7-115-56791-8

Ⅰ．①你… Ⅱ．①孙… Ⅲ．①网络营销 Ⅳ．①F713.365.2

中国版本图书馆CIP数据核字(2021)第130886号

内 容 提 要

　　本书是为Vlog初学者打造的一本入门级教程。全书分为8章，从Vlog的概念和发展历程讲起，分析了Vlog的发展趋势和潜力，详细介绍了Vlog的拍摄和剪辑技巧，包括拍摄Vlog所需的前期准备工作、确定拍摄主题、封面和标题设计等，并分别介绍了手机剪辑和计算机剪辑的技巧，最后介绍了Vlog的发布平台、运营及变现技巧。全书讲解详细、内容全面、条理清晰、通俗易懂、案例丰富，能够帮助读者从新手快速成长为Vlog高手，满足各阶段Vlogger的学习需求。

　　本书适合广大自媒体创业者、短视频创作者、Vlog拍摄者、摄影爱好者及想要开拓短视频领域的读者阅读，还可以作为培训机构的参考教材。

◆ 编　著　孙东山
　责任编辑　王　冉
　责任印制　马振武

◆ 人民邮电出版社出版发行　北京市丰台区成寿寺路11号
邮编 100164　电子邮件 315@ptpress.com.cn
网址 http://www.ptpress.com.cn
北京九州迅驰传媒文化有限公司印刷

◆ 开本：690×970　1/16
印张：14.5　　　　　　　　　2022年8月第1版
字数：320千字　　　　　　　 2023年4月北京第2次印刷

定价：79.90元

读者服务热线：(010)81055410　印装质量热线：(010)81055316
反盗版热线：(010)81055315
广告经营许可证：京东市监广登字 20170147 号

前言

写作背景

近年来,随着移动互联网的发展,短视频行业发展迅猛。短视频的出现使人们的视听内容发生了巨大的变化。而 Vlog 作为一种互联网内容传播方式,与直播及传统的视频节目不同,它的拍摄流程简单、制作门槛低,而且对拍摄者来说具有很强的参与性,因此深受视频爱好者及新媒体创业者的青睐。

本书特色

快速、高效地学习。本书站在初学者的视角,解决新人可能面临的问题——Vlog 是什么？Vlog 应该怎么拍？拍了之后应该怎么加工？将 Vlog 上传至平台后应该如何运营、变现？在内容上,本书会从 Vlog 的基本概念开始,介绍 Vlog 的制作及后期的引流变现,让读者真正从零开始学习 Vlog 制作与运营。

实操技术指导。全书各章篇幅较短,有利于节约读者的学习时间,提升读者的阅读体验。本书涉及的各个环节相对独立,不同基础的读者可根据自身需求选择合适的学习起点。书中的理论配有大量案例,具有较高的参考价值,读者跟随步骤指引便可轻松学会。

条理清晰,语言简练。本书拒绝深奥、复杂的理论,内容设置详略得当。全书采用轻松的语言、接地气的类比,让读者能够快速进入学习状态,跟上全书的讲解节奏。

内容框架

本书共 8 章,详细讲解了 Vlog 的入门知识(含拍摄技巧)、剪辑技巧、运营及变现技巧等内容。本书的内容框架如下,读者可借此快速了解全书内容。

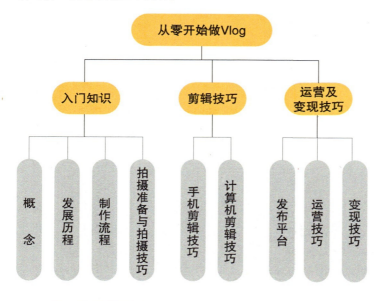

软件版本说明

软件名	版本号(Android)
VUE Vlog	3.21.6
剪影	6.9.1
抖音	13.1.0
哔哩哔哩弹幕网	6.10.0
西瓜视频	5.1.0
小红书	7.34.0

由于移动端产品迭代更新速度较快,本书上市时,书中软件界面截图可能与最新版本存在细微差异,但不影响读者学习参考。

编 者

2022 年 4 月

资源与支持

本书由"数艺设"出品,"数艺设"社区平台(www.shuyishe.com)为您提供后续服务。

配套资源

赠送剪映短视频后期制作在线教学视频一套。

资源获取请扫码

在线视频

提示:微信扫描二维码,点击页面下方的"兑"→"在线视频",输入51页左下角的5位数字,即可观看视频。

"数艺设"社区平台,为艺术设计从业者提供专业的教育产品。

与我们联系

我们的联系邮箱是 szys@ptpress.com.cn。如果您对本书有任何疑问或建议,请您发邮件给我们,并请在邮件标题中注明本书书名及 ISBN,以便我们更高效地做出反馈。

如果您有兴趣出版图书、录制教学课程,或者参与技术审校等工作,可以发邮件给我们。如果学校、培训机构或企业想批量购买本书或"数艺设"出版的其他图书,也可以发邮件联系我们。

如果您在网上发现针对"数艺设"出品图书的各种形式的盗版行为,包括对图书全部或部分内容的非授权传播,请您将怀疑有侵权行为的链接通过邮件发给我们。您的这一举动是对作者权益的保护,也是我们持续为您提供有价值的内容的动力之源。

关于"数艺设"

人民邮电出版社有限公司旗下品牌"数艺设",专注于专业艺术设计类图书出版,为艺术设计从业者提供专业的图书、视频电子书、课程等教育产品。出版领域涉及平面、三维、影视、摄影与后期等数字艺术门类,字体设计、品牌设计、色彩设计等设计理论与应用门类,UI设计、电商设计、新媒体设计、游戏设计、交互设计、原型设计等互联网设计门类,环艺设计手绘、插画设计手绘、工业设计手绘等设计手绘门类。更多服务请访问"数艺设"社区平台(www.shuyishe.com)。我们将提供及时、准确、专业的学习服务。

目录

第1章 什么是Vlog

- 011 **1.1 Vlog 的概念**
  - 011 1.1.1 Video log、Video of log 还是 Video Blog
  - 012 1.1.2 Vlog 和短视频的关系
- 016 **1.2 Vlog 的过去、现在和未来**
  - 016 1.2.1 起源
  - 017 1.2.2 爆炸
  - 020 1.2.3 裂变
  - 023 1.2.4 潜力

第2章 拍摄Vlog需要提前了解的内容

- 027 **2.1 完整的 Vlog 制作流程**
  - 027 2.1.1 心理建设
  - 028 2.1.2 确定拍摄主题
  - 029 2.1.3 拍摄
  - 029 2.1.4 初步剪辑
  - 030 2.1.5 后期精修
  - 031 2.1.6 上传发布
  - 031 2.1.7 构思下一个作品
- 032 **2.2 打造你的人设**
  - 032 2.2.1 什么是人设
  - 033 2.2.2 寻找自己的人设切入角度
  - 038 2.2.3 要人设，但更要"人性"
- 039 **2.3 做好 Vlog 的脚本**
  - 039 2.3.1 选题
  - 047 2.3.2 风格
  - 048 2.3.3 制作分镜头脚本

 第3章 拍摄前的准备

052　3.1 拍摄过程中使用的设备
052　　3.1.1 拍摄设备
058　　3.1.2 稳定设备
063　　3.1.3 收音设备

067　3.2 了解对焦与分辨率
067　　3.2.1 对焦——影响拍摄时的清晰度
071　　3.2.2 分辨率——影响输出时的清晰度

072　3.3 了解拍摄技巧
072　　3.3.1 摄像——9种运镜技巧的使用
078　　3.3.2 构图——9种构图技巧

 第4章 怎么去拍摄一条好的Vlog

088　4.1 到底怎么拍
088　　4.1.1 拍摄 Vlog 的正确方式
090　　4.1.2 由希区柯克的理论衍生出的 Vlog 理论

092　4.2 关于失真
092　　4.2.1 Vlog 需要失真吗
093　　4.2.2 如何做到精准失真

095　4.3 如何突出 Vlog 的主题
095　　4.3.1 主题的重要性
096　　4.3.2 拒绝平淡，突出细节

097　4.4 如何让 Vlog 变得更加出彩
098　　4.4.1 封面设置
100　　4.4.2 标题设置
104　　4.4.3 字体设置

第5章 手机剪辑技巧

- 108   5.1 VUE Vlog——分享真实的你
  - 108   5.1.1 界面
  - 112   5.1.2 剪辑
- 118   5.2 剪映——轻而易剪
  - 118   5.2.1 添加与删除
  - 122   5.2.2 素材片段的剪辑与调整
  - 128   5.2.3 音频
  - 131   5.2.4 文本

第6章 计算机剪辑技巧

- 137   6.1 Final Cut Pro X
  - 137   6.1.1 界面介绍
  - 142   6.1.2 项目与文件的基本操作
  - 146   6.1.3 剪辑流程
- 147   6.2 Adobe Premiere Pro
  - 148   6.2.1 界面介绍
  - 154   6.2.2 菜单介绍
- 167   6.3 Vlog 综合案例
  - 167   6.3.1 制作片头
  - 177   6.3.2 剪辑正片
  - 186   6.3.3 制作片尾
  - 188   6.3.4 添加字幕
  - 191   6.3.5 添加背景音乐
  - 192   6.3.6 导出成片

第7章 发布 Vlog

195 7.1 发布平台
195　　7.1.1 抖音
198　　7.1.2 哔哩哔哩弹幕网
201　　7.1.3 西瓜视频
205　　7.1.4 微信视频号
210　　7.1.5 小红书

212 7.2 运营技巧
212　　7.2.1 与用户互动
214　　7.2.2 发布时间
215　　7.2.3 话题引流
217　　7.2.4 利用"@"功能引流
218　　7.2.5 互推引流

第8章 Vlog 的变现

220 8.1 容易变现的 Vlog 类型
220　　8.1.1 美食美景
221　　8.1.2 测评
222　　8.1.3 知识
223　　8.1.4 热门内容
224　　8.1.5 个人 IP

225 8.2 Vlog 的变现方法
226　　8.2.1 流量变现
227　　8.2.2 广告变现
231　　8.2.3 IP 变现

第 1 章
什么是Vlog

随着数码相机进入视频领域，拍摄设备的价格从几十万元降到了几万元，这在一定程度上拉低了视频行业的准入门槛，从而涌现出了一大批影视公司和拍摄爱好者。如今是人手一台智能手机的时代，每台手机都具有强大的视频拍摄功能，彻底破除了拍摄视频的壁垒，每个人都能拍摄自己的视频。

随着5G时代的到来，视频载体也会有更大的发展，其中就包括Vlog。本章将详细介绍一些Vlog的基础知识，帮助读者快速了解Vlog这一视频形式，为之后学习Vlog的拍摄、制作及运营打下良好的基础。

1.1 Vlog的概念

Vlog是互联网时代衍生出的新产物,随着市场消费需求的变化,Vlog在国内越来越受欢迎。本节将从两个方面向大家介绍Vlog的概念。

1.1.1 Video log、Video of log还是Video Blog

Vlog的全称有3种写法,分别是Video log(视频日志)、Video of log(日志视频)和Video Blog(视频博客),每一种写法都有其独特的含义,也分别对应着Vlog的一些特点。

其中,Video log侧重记录,本质上和文字日志、图片日志是同一种概念,只是它将日志的载体换成了视频,如图1-1所示。

图 1-1

Video log的内容一般是创作者的生活经历,如果是在视频并不普及的年代,这些Vlog就会是QQ空间、新浪博客上的一篇篇图文并茂的文章,如图1-2所示。

图 1-2

Video of log 则侧重视频,是以日常生活为表现形式去展示视频内容。如去一些一般人很难到达的地方,又或者接触一些平常接触不到的人物,以日常生活的形式将这些人或事展示出来,而不像传统视频节目那栏对这些人或事进行包装或根据写好的台本进行拍摄。在 Video of log 中,一切都以真实的、生活化的面貌展示出来,如图 1-3 所示。

图 1-3

Video Blog 这种写法直译过来是最容易理解的,即"视频化的博客"。其实就是将原来用图文信息展示出来的博客文章换了一种形式,将其内容拍成各种生活小片段并剪辑成短片上传至网络平台,如图 1-4 所示。

在图文时代过去之后,这样的形式成为年轻人新的网络记录形式,尤其是伴随着各大视频平台的崛起,Vlog 形式的视频也成了"热搜"榜上的常客。

图 1-4

1.1.2 Vlog 和短视频的关系

随着短视频平台在全球范围内崛起,短视频和 Vlog 难免被拿来比较。如果说 Vlog 是博客的视频化,那么短视频就可以被看作微博的视频化。因此,尽管 Vlog 和短视频看起来像"孪生兄弟",但它们之间同样存在着差异。

1. 内容不同

如果用文章来类比，短视频就相当于一个段子，用短短几十或百余字博人一笑，观众用十几秒就可以看完；而 Vlog 相当于散文、随笔，描写的更多是博主的内心或生活感悟。因此，从写作的角度来看，段子是虚拟的场景，重在记叙和描述；而散文、随笔等则多以第一人称进行描写。

这些差异体现在视频内容上时，最大的一个区别就是 Vlog 经常需要博主本人出镜或出声，如图 1-5 所示，博主需要以旁白的方式向观众介绍或表达一些东西，而短视频则很少需要这样。

图 1-5

因此，从内容的角度来看，两者是迥然不同的，有各自独特的功能和受众，就像各种文学形式谁也不能替代谁，都会按照自己的轨迹发展下去。

2. 平台不同

短视频一般发布在抖音、快手、视频号等平台上，如图 1-6 所示。这类平台一般以瀑布流形式实现交互。用户只需单手持机，通过拇指不断上滑即可更新信息。其信息更新速度极快，用户几乎没有耐心去仔细地看完每个视频。如果在这类平台上发布时间稍长的 Vlog，用户一旦在开头的时候看不出所以然，可能就会去看下一个视频。所以这样的平台通常只适合投放 15～60 秒的碎片化视频内容，也就是短视频。

而 Vlog 虽然是日常类视频，但在拍摄时对情节的起承转合和拍摄技巧仍有较高要求，其传播主要依靠观众的转发、平台的推荐等。因此像新浪微博、哔哩哔哩弹幕网（简称 B 站）、西瓜视频等具有 UGC（User Generated Content，用户生成内容）功能的视频平台是比较好的 Vlog 发布平台，如图 1-7 所示。

图 1-6

图 1-7

3.受众不同

Vlog 一般有比较固定的粉丝群体，这类群体对某一个话题或者博主本人的生活感兴趣，因此用户黏性比较高，转化率也较高。相对于 Vlog 来说，短视频的用户黏性就很低，主要是因为其内容同质化的现象较为严重，很多用户可能因为喜欢某个短视频内容而点击关注，但时间一久也许就会产生"我什么时候关注了这个人"的疑问。

因为受众不一样，两者未来自然会根据各自针对的细分群体继续发展，即使是同样的内容，在短视频和 Vlog 中也可能呈现出大相径庭的效果。短视频可能会做得越来越炫目或者越来越猎奇，力求在几秒内牢牢吸引住用户的目光，如图 1-8 所示。

第 1 章 什么是 Vlog

图 1-8

　　Vlog 则会往越来越专业的方向发展，以填补观众的知识和经历空白。Vlog 中用到的拍摄技巧也会越来越精深，其中的一些镜头仿佛电影中的镜头，如图 1-9 所示。因此，Vlog 可能会成为新生代电影制作团队的试金石。个人究竟该选择哪个方向，还是要看自己的优势和长处，每个平台都有一套自己的商业模式和变现方法，只要持之以恒，通常都能获得成功。

图 1-9

1.2 Vlog的过去、现在和未来

Vlog这种视频类型2012年就在部分国外的视频平台中出现了,而在国内,从2018年开始,各大平台开始针对Vlog领域发力。本节将介绍Vlog的发展和演变过程,以及未来的发展趋势,让读者能从中汲取经验。

1.2.1 起源

Vlog的起源其实可以追溯到DV机时代,一些西方家庭很早就有用DV机记录家庭影像的习惯,只是那时候网络并不发达,无法上传视频进行分享,因此视频内容基本都留存在个人的磁盘里。

到了2005年,一些视频网站开始陆续创办,除了在网站上观看影视作品、听歌之外,许多用户也开始思考自己是否可以利用这些平台来创作一些视频内容,然后进行分享并实现盈利。在这种想法的驱使下,许多人开始走上舞台,成为当红的艺人,甚至是风靡全球的网络红人,比如有"Vlog之父"之称的Casey Neistat(凯西·奈斯泰德),如图1-10所示。

图 1-10

可以说Casey Neistat把Vlog做到了极致。2016年,他发布了第一个Vlog,然后开始了其"每日Vlog"计划,即每天至少上传一个8～10分钟的视频来记录当天的生活。他在连续上传了604个Vlog后停更(后来于2018年4月重新更新),用短短1年多的时间便积累了数百万的粉丝。

在拍摄Vlog之前,Casey Neistat在一些视频平台上已经是一个小有名气的博主

了，他拍摄 Vlog 的初衷只是希望加强与粉丝的互动，比如回答某些网友在评论中提出的问题，说明视频是如何拍摄的、拍摄的装备有哪些等，如图 1-11 所示。

● 图 1-11

这些视频完全取材于 Casey Neistat 的日常生活片段，未经后期修饰，真实地呈现了"网红"的生活，从而满足了粉丝的好奇心。这类视频一经推出就大受欢迎，并迅速受到年轻观众的热捧。

1.2.2 爆炸

Casey Neistat 上传的 604 个 Vlog 累计播放量达到了惊人的 16 亿次，并得到了近 1000 万人的订阅。如此庞大的数据自然吸引了众多的模仿者，越来越多的人开始拍摄 Vlog 并上传分享，如图 1-12 所示，这类视频开始迅速增多。

● 图 1-12

由于 Vlog 的内容主要是记录创作者自己的生活，因此从创作素材来看，Vlog 是一项全民皆可参与的拍摄活动，这也意味着 Vlog 的创作门槛不会很高。对于那些推崇"流量为王"的视频平台来说，Vlog 不仅创作难度低，还能获得极高的播放量，是理想的视频创作方式。于是从 2018 年下半年开始，国内各大平台也开始针对 Vlog 领域发力，平台运营者们相信 Vlog 存在巨大的发展潜力，而且可以成为平台新的内容增长点。

最先采取行动的是微博，其推出了"微博 vlog 博主召集令"活动，如图 1-13 所示。这个活动主要以 Vlog 大赛的形式举办 Vlog 创作者的视频竞赛，相当于通过打榜等行为建立账号等级制度，优胜者可以得到更多的资源。

图 1-13

抖音发布了"VLOG 10 亿流量扶持计划"，如图 1-14 所示。用户可拍摄或上传时长大于 30 秒的原创 Vlog 视频，点击活动页面即可参与该计划。抖音从参加的用户中选拔优秀创作者，给予流量支持、抖音 Vlogger 认证等奖励，所有获奖者的流量扶持曝光量总计达到 10 亿次。

图 1-14

第 1 章 什么是 Vlog

2018 年底，B 站也发起了"30 天 vlog 挑战"活动，如图 1-15 所示。这是一项针对 Vlog 内容的全年曝光量 500 亿次扶持计划。B 站的 500 亿流量扶持包含平台的官方活动曝光或内容合作中所包含的流量曝光，是一种综合的流量曝光。

图 1-15

2019 年底，B 站又推出了"30 天 vlog 挑战"活动，这一次不仅提供流量扶持，更是拿出了 50 多万元作为奖励，如图 1-16 所示。由此可见 B 站对 Vlog 内容的重视程度。

图 1-16

到了 2020 年，Vlog 的热度并没有消退，反而愈加高涨。除了微博、抖音、B 站等先入场的平台外，小红书、西瓜视频等热门平台也相继加入，如图 1-17 所示。Vlog 无疑正处于一个爆炸式生长的阶段。

图 1-17

1.2.3 裂变

Vlog 类型的视频越来越多,难免出现同质化的现象,尤其是 Vlog 的创作门槛本来就低,而且题材基本都来自创作者自己的生活,这就加剧了 Vlog 的同质化竞争,如图 1-18 所示。

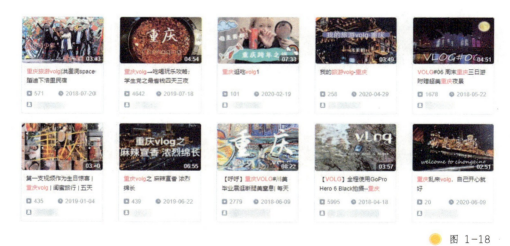

图 1-18

其实对于一些 MCN 机构和视频平台来说,同质化现象是一个非常难以解决的问题。首先,其本身一直希望能有一种可复制的、流水线般的视频生产模式,以达到量产"网红"的目的,如图 1-19 所示。因为从商业角度来说,这种模式意味着可持续生产和较低的风险。但是模式化生产的视频内容难免包含程式化的脚本、类型化的人设、统一化的布景、套路化的线上运营等诸多部分,这样就难免出现同质化现象。

同质化现象对于观众来说非常糟糕,因此人们对这类视频普遍感到反感,但这类视频确实能给 MCN 机构或者视频平台带来流量,所以又屡禁不止,这也是"营销号"

人人喊打，却又反复出现的原因。

图 1-19

在同质化竞争的压力之下，Vlog 逐渐衍生出了诸多垂直领域，大致可以分为生活记录类、剪辑技术类、挑战体验类、纯展示类等。

1.生活记录类

生活记录类的 Vlog 是 Vlog 中数量最多的类型之一，因为它的拍摄要求非常简单，任何人只要用视频记录下自己的日常，然后通过剪辑将其拼接起来，就可以制作出生活记录类 Vlog。

拍摄要求简单并不意味着所有人都能拍得好。如果只是要拍摄一个短视频，那么可以拍摄一个夸张的搞笑视频或者萌宠的展示视频，但是如果要拍一个生活记录类 Vlog，就意味着创作者要展示自己真实的生活，或者表达一些个性化的想法。真实、即兴、个性化，这是生活记录类 Vlog 的 3 个非常重要的特点。在一个优秀的 Vlog 作品中，博主应该尽可能地保证视频内容的真实性，而且拍摄是即兴的，并带有非常明显的个人标志，例如图 1-20 中的黄框眼镜。

图 1-20

2.剪辑技术类

剪辑技术类 Vlog 是 Vlog 中非常受欢迎的一类。前面提到的有"Vlog 之父"之称的 Casey Neistat 拍摄 Vlog 的最初目的就是向观众介绍他的视频拍摄和剪辑方法，如图 1-21 所示。除了那些乐于观看博主生活日常的观众，还有相当一部分观众希望学习博主的视频制作技术，然后模仿并进行再创作。因此剪辑技术类 Vlog 通常会获得很可观的播放量。

图 1-21

3.挑战体验类

挑战体验类 Vlog 也是播放量较高的视频类型之一。通过这类 Vlog，观众可以看到一些自己平时难以到达的地方。这类 Vlog 相当于给观众的生活打开了一扇窗，观众可以通过博主的视频看到世界的其他地方，如图 1-22 所示。

图 1-22

4.纯展示类

纯展示类 Vlog 是新人创作最多的一种 Vlog 类型，从某种程度上来说，纯展示类 Vlog 更像是自娱自乐的产物，就如同自拍了一张照片发到社交网络上。纯展示类 Vlog 其实很难拥有稳定的观众，一段时间过后，如果创作者发现没有人观看或点赞，那么难免会失去拍摄热情。

因此，在刚刚开始拍摄 Vlog 时，创作者可以先剖析自己擅长的类型。比如经常需要出差，就可以拍摄生活记录类 Vlog，记录不同地方的风土人情，以及当地的名胜古迹和特色小吃；如果因为工作需要可以到达一些常人不能去的地方，比如电影院的后台、工厂的加工车间、电视节目的录制现场，就可以拍摄一些挑战体验类 Vlog，带观众认识这些他们平时接触不到的地方。图 1-23 所示为笔者在中央电视台的节目录制现场时拍摄的 Vlog。

图 1-23

1.2.4 潜力

Vlog 这种视频形式于 2018 年在中国走红，在资本和平台的支持下，其已经具有了一定的知名度与市场占有率，也出现了一大批 Vlog 创作者，目前整个市场的容量仍有较大的提升空间。那么 Vlog 的发展趋势可能是怎样的呢？

在中国，如果说 2016 年是"直播元年"，2017 年是"短视频元年"，那么 2018 年可谓"Vlog 元年"。前面也提到过，自 2018 年起，B 站、微博、抖音、视频号、小红书等平台出现了大量的 Vlogger（Vlog 创作者），Vlog 内容的覆盖面也很广，包含学习、手工、美妆、旅行等。

我们先来看一个数据，图1-24所示为2013年底到2020年底百度指数提供的数据。从图中可以看到，从2018年开始，Vlog的搜索指数就开始大幅增加并逐渐达到峰值。

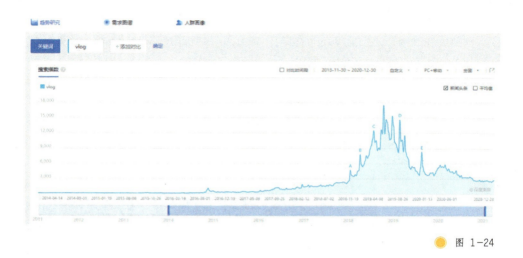

图 1-24

笔者认为：Vlog是一个"综合性的脱口秀"，Vlogger通过Vlog给观众讲述一个故事，分享自己的心得与看法，其本质是通过影像输出观点。

Vlogger主要以个人的生活为基础，并延伸出各种类型的素材，以此作为视频的题材。Vlog的内容具有真实性和传播力，是现代人比较喜欢的内容形式。Vlog的出现和"爆红"，慢慢地吸引了大众的注意力并逐渐侵占着大众的时间，造就了一批网络红人。

在短视频平台竞相角逐之后，短视频的发展进入了沉淀冷却期。大众对同质化严重、内容泛滥的短视频产生了审美疲劳。Vlog作为一个"舶来品"，想要在中国得到良好的发展，一定要挖掘自身的特色，避免与传统的短视频混淆。Vlog具有真实性、故事性、个性化、审美化等特点，深受"95后""00后"的喜爱，但其发展依旧存在一些问题。

虽然近几年观看和创作Vlog的人数都在逐渐增多，但是Vlog的受众和短视频的受众相比，仍有着巨大的差距。在B站上搜索Vlog，截至本书写作完成之时，点击量最高的视频已超 3000 万,如图 1-25 所示。与抖音、视频号等平台中拥有上亿次播放量的短视频相比,Vlog 的播放量还存在一定差距。

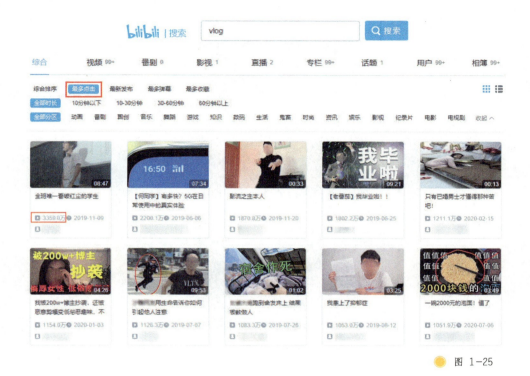

● 图 1-25

　　Vlog 在国内的普及范围还不够广,这也是影响 Vlog 创作生态的因素之一。目前国内头部 Vlogger 的视频内容大多是从国外的优质内容借鉴而来的,还未形成鲜明的中国特色。需要国内的 Vlogger 一起努力,将更多具有中国特色的内容融入 Vlog。

　　除此之外,盈利空间也是决定 Vlog 能否继续开拓其"疆土"的重要条件。目前,除了一些头部 Vlogger 能通过与品牌主合作实现盈利外,一些新手 Vlogger 想要通过作品获得物质上的回报还是较为困难的。总而言之,Vlog 能够崭露头角,除了因为短视频同质化的现象越来越严重,更是因为 Vlog 的真实性能满足受众的好奇心。所以,真实是 Vlog 必须保留的特点。在本书后面的章节中,笔者会详细分析 Vlog 的特色,讲解运营 Vlog 账号和发布 Vlog 的方法。根据 Vlog 的特色对市场进行垂直细分,实现多样化,才是 Vlog 在中国发展的可靠道路。

第 2 章
拍摄Vlog需要提前了解的内容

了解了 Vlog 的定义及其发展历程和前景之后,便进入创作作品的准备阶段。在观摩了大量 Vlog "大神"的佳作之后,想必读者已经跃跃欲试了。本章将从最简单的前期准备讲起。

2.1 完整的Vlog制作流程

了解完整的Vlog制作流程是成为一名Vlogger的基本要求，本节主要从心理建设、确定拍摄主题、拍摄、初步剪辑、后期精修、上传发布、构思下一个作品等7个方面进行具体介绍。

2.1.1 心理建设

Vlog在国外发展得很好，这与国外倡导自我展现的文化环境有关。Vlog在中国的形式还没有完全确定下来，所以我们要保持开放学习的心态。

很多新人在拍摄Vlog时，不能自然地拿着相机随时随地地一边拍摄一边对着镜头说话，而会觉得尴尬和别扭。所以对于新人来说，想要做好Vlog，必须先做好心理建设，要敢于上镜，培养镜头感。想要面对镜头时不怯场，这里给大家推荐一个办法：你可以拿着设备在人群中大喊"1、2、3、4、5"，自说自话，习惯路人用异样的眼光看你就好。

那么，什么是镜头感呢？简单来说，镜头感就是在镜头前，你可以对自己的情绪收放自如，不紧张、不做作、放得开，可以快速找到想要在视频中呈现的状态，知道自己哪个角度对着镜头会更好看、自己做出什么样的表情会更自然等。

镜头感并不是与生俱来的，它完全可以通过后天练习进行培养。接下来，就来说说应该怎么做才能拯救镜头感差的自己。

首先，在拍Vlog之前，你要建立自信。第一步就是每天照照镜子，训练自己的表情，比如训练如何自然地笑、自然地放空眼神、自然地说话等。在镜子中找到自己的最佳状态之后，你还可以练习用手机自拍。照镜子和自拍是培养镜头感的两种重要途径。所以只要每天多练习，每个人通常都能找到最适合自己的角度和最自然的表情、动作，重点在于多尝试。

接下来，当你已经建立起一定的自信并且已经逐渐适应镜头之后，一定要上手去拍，只有在反复的实践练习中，你才能慢慢地找到自己的不足和问题，从而进行调整，达到更好的状态。

除了要习惯镜头，你还需要把自己培养成一个"厚脸皮"的人，很多人在拍视频前会担心自己的视频不好或自己经验不足、没有才华、不如别人，这种想法是不对的。

实际上，每个人都有自己所擅长的方向，你所拥有的经验总有人没有，只要愿意分享，总会有一群用户被你的内容吸引。

在分享的过程中，我们会逐渐发现自己的不足和问题，然后再去完善、解决，在让别人学到知识的同时，自己也有了进步。所以，做任何事情之前，不用担心做不好，只有做了，才会做得更好。

2.1.2 确定拍摄主题

做好心理建设之后，就要确定拍摄的主题了。确定拍摄的主题其实就是要确定好拍摄方向，第1章中提到过，Vlog就是视频日志，所以新手在入门时，可以把Vlog看成一篇日志，利用镜头代替文字来表达内容，这样的内容就是拍摄的主题。

如果新手在拍摄之前难以确定拍摄主题，可以先想清楚几个问题，将事情变得简单一些。比如你是谁、你最感兴趣的事物是什么、为什么拍摄这个Vlog等，厘清思路，找到这些问题的答案，就基本能够确定拍摄主题了。

举个例子，在你的一次迪士尼旅行中，从出门到游玩的过程，其间选择了哪家餐厅就餐，玩了哪些项目，感受如何，将这些小事用镜头一一记录下来，就可以用它们制作出一个完整的Vlog。图2-1所示为笔者以"24岁少年，和假笑男孩一起，踏进了他人生第一次的迪士尼之旅"为主题拍摄的Vlog。

图 2-1

经过不断实践，每一个 Vlogger 都会找到适合自己风格的主题，这有利于 Vlogger 明确自己的拍摄内容和拍摄对象。除了以上列举的例子之外，学习、美食、萌宠、好友聚会等都是比较常见的 Vlog 拍摄主题，大家可以根据自身情况进行选择。

2.1.3 拍摄

确定拍摄主题之后，Vlogger 就有了拍摄方向，由于每一个 Vlog 都能展现一个小故事，所以 Vlogger 务必要保证内容的完整度。在拍摄时要有后期剪辑的意识，片段和片段之间要能衔接起来。

在拍摄过程中，Vlogger 要忘记镜头，以纪录片的形式记录有意义和有趣的事，其中，有两个部分是需要 Volgger 注意的，如图 2-2 所示，即故事线和空镜头，两者应占的比例：故事线一般为时间、地点、人物，也就是整个 Vlog 的主干部分，约占 70%；空镜头又称"景物镜头"，通常用于介绍环境背景、表现人物情绪、推进故事情节、表达作者态度等，在 Vlog 中，空镜头可以产生烘托气氛、引起联想等艺术效果，这部分约占 30%。

□ 故事线 = 谁 + 在哪 + 干什么 ≈ 70%

□ 空镜头 = 环境 + 过程 + 动作 ≈ 30%

图 2-2

2.1.4 初步剪辑

初步剪辑也叫粗剪，相当于修图时的粗修。拍摄完毕之后，我们要对素材进行初步整理，挑选出有用的视频片段，并进行简单的排序和剪辑，将视频片段中多余的部分删除。

如果你是初学者，可以选择一些免费的剪辑软件，这些软件不仅不需要成本，其操作方法也比较简单。在初步剪辑之前，我们要先将所有素材浏览一遍，这样做有两个好处：既可以在浏览的过程中寻找剪辑的思路，又可以在剪辑时快速找到想要的素材的位置。

在整理素材时，建议大家新建一个文件夹，按照日期对素材进行分类，然后删除无用的素材，并对重要的素材重新命名。清晰的文件名称便于我们后期进行查找，如图 2-3 所示。

图 2-3

2.1.5 后期精修

初步剪辑结束,还要对视频进行精修,包括设置片段长度、播放速度、动画效果、字幕、背景音乐、转场、特效、节奏、卡点、制作封面等。图 2-4 所示为笔者剪辑好的 Vlog 画面截图。具体的剪辑方法参见本书的第 6 章。

图 2-4

2.1.6 上传发布

当一个完整的 Vlog 制作完成之后,还要将视频上传发布至各平台,如图 2-5 所示,以便与好友、其他用户分享。由于每个平台的规则不一样,发布方式和运营规则也会有所不同,笔者将在本书第 7 章中对其进行详细介绍。

图 2-5

2.1.7 构思下一个作品

完成第一个作品的创作之后,可以对上一次的拍摄、剪辑等工作进行总结,将做得不完善的细节记录下来,在下次拍摄中尽量避免同类问题。这样,每一个作品都会比上一个作品更加完善。在结束上一个 Vlog 的制作之后,还需构思下一个作品的主题。

举个例子,下一次如果想要策划旅拍主题的 Vlog,则需要在拍摄前确定好拍摄地点,明确拍摄的主题、行程规划、服装搭配、拍摄准备及拍摄过程中各种镜头的使用等。关于制作 Vlog 脚本的具体方法参见 2.3 节。

2.2 打造你的人设

初步了解 Vlog 的完整制作流程之后，Vlogger 还需要给自己确定一个人设。Vlogger 数不胜数，如果想要脱颖而出，被用户看到并持续关注，还需要人设的助力。本节将为大家详细介绍 Vlogger 应如何打造人设。

2.2.1 什么是人设

如果仔细观察一下各领域的 Vlogger，我们很容易就会发现他们有一个共同点：他们都有属于自己的人设。什么是人设呢？人设是人物设定的简称，也就是在用户面前所要展示的形象，包括外貌特征和内在的个性特点。如果想要让我们拍摄出来的 Vlog 出众，就一定要发挥想象力和创造力，打造属于自己的人设。

什么是好的人设呢？一个能够让人印象深刻、记得住并说得清的人设就是好人设。如果你本人或你的形象能够被用户在日常生活中向身边的朋友说起，那么你的人设打造就成功一大半了。

举个例子，笔者在很多 Vlog 中出镜时，都会戴上一副黄色镜框的眼镜，久而久之，这也变成了笔者的特点之一，如图 2-6 所示。

图 2-6

再如一说起"买它！买它！"，我们就能想起"口红一哥"；听到"集美貌与才华于一身的女子"这句话，我们就会想到某知名女博主。这些都是好的人设，有着鲜明的性格特征，具有差异性，有明显的辨识度，具有记忆点。

2.2.2 寻找自己的人设切入角度

了解了人设的概念之后,下一步要寻找人设的切入角度,也就是作为一个普通人,应该怎样选择并确定自己的人设。

通常来说,每个 Vlogger 身上都有自己的亮点,所以 Vlogger 只需找到自己的亮点,就会吸引一批粉丝。因此,找到自己的优点、特长是确定人设的前提。确定人设并不难,我们可以从以下 6 个切入角度确定自己的人设。

1."颜值"

我们在认识一个人时,第一印象来自其形象,一个人的外貌、特征、穿着、造型等方面都能够给用户留下记忆点,而"颜值"有特色的人自带流量,一般更容易引起用户的注意。

比如某知名舞蹈博主,她的特点就是她的笑容,她几乎在每一个作品中都露着牙冲着观众微笑。这个特点让大家在提起她时就会想到这样一个人设:一个笑容甜美的舞蹈博主。除了标志性的笑容外,酒窝、虎牙、长腿等外貌特点都可以被放大,作为人设的切入角度。

2.生活

Vlogger 在确定人设的时候,还可以结合自己的生活:独一无二的生活会令人好奇,平凡而不平庸的生活更容易引起用户的遐想。

举个例子,某艺人 Vlogger 就是一个典型代表,她拥有知名艺人与普通大学生的双重身份,让用户既有新鲜感又有亲近感。她的 Vlog 记录了她作为一名普通大学生的生活,如熬夜写论文、与朋友聚会、改造房间等,也有盛装出席各种活动、录制节目的花絮内容,深受用户的喜爱。图 2-7 所示为她在微博发布的 Vlog。

图 2-7

普通人可以拍摄生活环境和生活中的人，以生活为素材，用不同的方式分享和记录自己的生活。确定这样人设的好处就是可以根据日常生活持续更新，不用担心没有拍摄内容。

3. 兴趣

Vlogger 在给自己确定人设的时候，一定要选择自己感兴趣的方向，并且要有一定的经验，这样才能持续输出内容。每一种爱好通常都有一个圈子，Vlogger 可以定制相关的内容，吸引某个特定圈子的人群。

比如 B 站的某美食 UP 主，她的 Vlog 就记录了很多日常烹饪的过程，图 2-8 为她的 B 站首页内容截图。她用镜头拍摄出了一条条精美的 Vlog，这是一种比较纯粹的 Vlog。其播放量基本在 20 万次以上，获得了不少用户的喜爱。

图 2-8

当然，除了烹饪之外，运动、旅行、读书、跳舞、唱歌、滑板等兴趣爱好都能作为大家确定人设的切入角度。

4. 性格

除了兴趣爱好之外，根据自己的性格特征来确定人设也不失为一种好方法。每个人的性格都不同，不同的性格会吸引不同类型的用户。

B 站上有一个知名的 UP 主，她说着一口标准的北京话，是一个很酷的女孩，喜欢旅行，性格直爽，做事从来不拖泥带水，还会随着心情改变自己的发色，她在自己的 Vlog 中经常会露出灿烂的笑脸。她的豪爽性格吸引了很多用户，图 2-9 为该 UP 主的 B 站首页内容截图。

图 2-9

新手在寻找自己人设的切入角度时，也可以挖掘自己的性格特征，在 Vlog 中体现出来，让自己的视频内容变得更有特点。

5.技能

除了以上 4 个切入角度之外，Vlogger 在确定人设时，还有一个切入角度，即利用自身技能来确定人设，有技能的人会收获一定数量的追随者和崇拜者。

对于拥有技能的人而言，确定人设就显得非常简单，Vlogger 只需要对自己的优点、特长进行分析，然后选择自己最擅长或最具优势的一个方面进行人设的打造即可。

比如，B 站上有一个知名的科技 UP 主，他经常拍摄、剪辑一些产品测评的 Vlog。这些 Vlog 吸引了很多对这方面技能感兴趣的用户观看并持续关注，图 2-10 为该 UP 主的 B 站首页内容截图。

图 2-10

此外，你如果是一个擅长唱歌的人，就可以拍摄歌唱类的 Vlog 进行分享；你如果是一个擅长摄影的人，则可以拍摄一些摄影技巧类的 Vlog。技能的范围很广，除了唱歌、摄影、跳舞之外，还包括其他方面，比如游戏玩得精彩、化妆技术过人等。例如，某美妆博主就根据自己的优势将自己定位为微博时尚博主，并在账号中分享了很多与时尚相关的 Vlog，深受女性用户的喜爱，图 2-11 为该美妆博主的微博截图。

图 2-11

由此不难看出，只要 Vlogger 拥有自己的技能，并且这个技能是用户比较关注的，就可以将该技能作为确定人设的切入角度。

6.标签

在确定人设的过程中，Vlogger 还可以根据自己的实际情况给自己设定人物标签。比如留学生、"考研党"、医学生、运动达人、博士等，这些都能够帮助 Vlogger 打造人设。

Vlog 新手在选择自己的人设方向时，还可以通过编写一句话给自己设定人物标签。比如雷厉风行的法学生、认真自律的"考研党"、好奇心爆棚的小王等，这些标签都可以指明人设的大致方向。我们在为自己设定人物标签的时候，可以列举 5~10 个人物标签，从中选择 3~5 个自己最擅长的方向，并以此作为之后 Vlog 的内容选题方向。值得注意的是，在选择人物标签的时候，必须满足以下两个条件。

① 自己擅长，且能够持续输出内容的方向。
② 能被用户接受和消费的内容。

当 Vlogger 具有自己专属的特点时，就能给用户留下印象。这样，Vlogger 的 IP 形象也会快速树立起来。人物组合、外在形象、语言风格、个性片头/片尾、性格特征、兴趣特长、职业特征、个人介绍等 8 个切入点，也可以帮助 Vlogger 打造人设，具体内容如图 2-12 所示。

人物组合	外在形象	语言风格	个性片头/片尾
单人、亲子、情侣、闺蜜、兄弟、人和萌宠等	穿着：校园风、萝莉风、运动风、职业风、中性风、性感风等 装饰：鸭舌帽、口罩、戒指、墨镜等	固定问候语、结束语 固定方言：东北话、四川话、粤语等	专属片头、片尾、Logo、水印、卡通形象
性格特征	兴趣特长	职业特征	个人介绍
幽默风趣、乖巧可爱、大大咧咧、老实憨厚等	唱歌、跳舞、美容、健身、烹饪、游戏、穿搭、手工等	全职太太、白领、打工仔、农民、教师等	孙东山：每个人都是生活的导演

图 2-12

虽然目前大部分 Vlog 的时长只有几分钟，但它向用户展示的不仅仅是这几分钟的内容。人设定位的意义和重要性不言而喻，Vlogger 需要从以上 6 个切入角度出发确定自己的人设。

综上所述，找准切入角度，根据自身优势确定人设是每一个 Vlogger 都应该做到的，这也是成为一个优秀的 Vlogger 的前提。

2.2.3 要人设,但更要"人性"

在 Vlog 中,除了要建立一个吸引人的人设之外,更重要的是要有"人性",也就是要有温度。鲜明的人设能够让用户记住你,但有温度的 Vlog 能够让用户喜欢你,提高用户关注度和用户黏性。

笔者曾经这样描述自己与 Vlog 的关系:"偶像都是有人设的,而我们更想 pick(选出)一个真实的人,更喜欢为自己的生活发声。做 Vlog 的人都是有表达欲的人,渴望通过这种形式表达自己。"而笔者也正是遵从了内心的想法,发挥自己和团队的独特性,创造出了属于自己的 Vlog 天地。

无论我们为自己打造哪一种人设,都有一个前提,即做真实的自己。在真实的前提下,寻找自己生活中的闪光点,这才是我们应该打造并保持的人设。

我们对自己的人设和发展方向必须非常清晰,笔者的目标是"一起让生活变得更有趣",在制作 Vlog 时,笔者也一直在朝着这一目标努力。在笔者的 Vlog 中,既有在国外的街头采访,也有在国内分享的一些产品测评,还有滑板的玩法……图 2-13 和图 2-14 所示为笔者在 B 站发布的 Vlog,这些 Vlog 包含多种多样的内容和场景,既能避免用户产生审美疲劳,也能帮助用户真正认识并了解笔者的真实生活。

● 图 2-13

图 2-14

Vlogger 在打造人设时还应注意最重要的一点，即保持正确的价值观。Vlogger 在人设下所呈现的内容就是其价值观的体现。所谓价值观是人基于一定的思维感知而做出的认知、理解、判断或抉择，也就是人评价事物、判断是非的一种思维或价值取向，简单来说就是内心相信和坚持的东西。Vlogger 一定要有正确的价值观，这样才能走得长远。

2.3 做好Vlog的脚本

了解了人设的打造方法之后，下一步就是做好 Vlog 的脚本。脚本是整个故事发展的大纲，决定了整个作品的发展方向和拍摄细节，所以脚本也是拍摄 Vlog 前必须要准备好的。本节将从选题、风格、制作分镜头脚本 3 个方面进行具体介绍。

2.3.1 选题

在开始选题之前，我们要先具备脚本思维。什么是脚本思维呢？一个好的 Vlog 必须具备 4 个要素，即 hook（开头的吸引点）、introduction（视频简述）、content（主体内容）、summary（结局）。Vlog 就是用镜头记录的日志，它的脚本的组成要素和一篇完整的日志是一样的。但是很多新手在刚开始拍摄 Vlog 时，即使知道了 Vlog

的组成要素，也依然不知道应该如何拍摄一个流畅的视频。接下来，笔者将具体介绍。

确定选题是制作脚本的第一步，如果确定选题后就直接进行拍摄，那么最后所呈现出来的视频素材一定会像"流水账"一样。"流水账"不是贬义词，我们也可以拍摄出好看的"流水账"。在一整天的拍摄中，一定会有很多条故事线，抽出其中的一条，然后让整个Vlog围绕着一条故事线推进，这就是一个完整的选题。

如果你想拍摄一个以探店为主题的Vlog，而在去探店的路上意外地发生了其他有趣的事，并被你用镜头记录了下来，那么在后期剪辑的时候，就需要有所取舍。如果你的主题是探店，那么与探店无关的镜头就不能过多，否则这个Vlog就会主次不清，观众会看不懂你想要表达的内容，其主题也会变得不明确。

在遇到这种情况的时候，建议大家将原定的主题制作完成，在Vlog的结尾部分提示大家在此次拍摄中发生了有趣的小插曲，将在下次的Vlog中与大家分享。这样一来，两条Vlog的主题都很明确，有趣的生活小事得以保留，还给观众留下了悬念。

举个例子，笔者以与"假笑男孩"的故事为主题，在B站上发布了3条Vlog。图2-15中分别为"欢乐！我和假笑男孩在洛杉矶玩起了捉迷藏！""24岁少年，和假笑男孩一起，踏进了他人生第一次的迪士尼之旅""再见啦，假笑男孩"3条Vlog。

图 2-15

第 2 章 拍摄 Vlog 需要提前了解的内容

根据主题的不同,可以把 Vlog 分为生活记录类、展示分享类和主题内容类等类型。很多 Vlog 其实没有严格的脚本,脚本思维是贯穿在准备工作和剪辑过程中的。接下来,笔者将根据上述 3 个选题方向为大家介绍确定 Vlog 选题的具体方法。

1. 生活记录类

生活记录类 Vlog 所包含的内容有很多,比如旅行、探店、逛街、朋友聚会等,这类主题也是 Vlog 中常见的一种类型。我们在拍摄视频素材时,需要预想一些转场的画面,也就是前面提过的"空镜头",在后面剪辑时再更新构思,这也是体现脚本思维的一个方面。

在构建脚本框架时,新人 Vlogger 可以使用一个模板,即"我是谁 + 我要做什么 + 解说 + 总结"。接下来将以笔者的"你有多久没拍全家福了?"这个 Vlog 主题为例,向大家分析生活记录类 Vlog 应该如何撰写脚本选题。

首先是开场白,开场白的镜头一般在 10 秒之内,通常以真人出镜的形式介绍自己。比如在这个视频中,笔者便以"哈喽,大家好,我是冬瓜,记录每一个有趣的灵魂"为开场白,如图 2-16 所示。

● 图 2-16

接着自然而然地在视频中告诉大家自己在这条 Vlog 中要做的事,同时配上一些好的分镜头,如图 2-17 所示。在 Vlog 中,笔者利用讲解加画面展示的方式交代了这次准备拍摄全家福的原因:奶奶已经 86 岁了,但是在过年的时候,家人出于各种原因不能聚在一起,所以全家人已经很久没有一起拍过全家福了。

(a)过年时的场景

(b)有关奶奶的画面

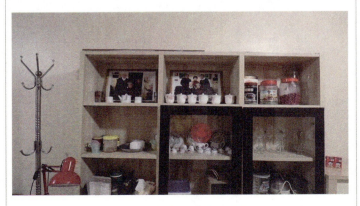

(c)家里没有一张完整的全家福

图 2-17

交代完事情的起因之后,第三个拍摄场景则是联系亲戚们,如图 2-18 所示。

图 2-18

成功请到所有亲戚之后,就来到了第四个拍摄场景——给奶奶惊喜,拍摄全家福,如图 2-19 所示。

图 2-19

最后一个镜头为片尾,我们既可以对这个 Vlog 进行总结,也可以加入一些个人信息,让观众对自己有更深入的了解。图 2-20 所示为笔者在这条 Vlog 中添加的片尾的截图。

图 2-20

以上即为对生活记录类 Vlog 案例的具体分析。不管是什么样的 Vlog 选题，都是由事情的主线和结果为导向的。所以设计 Vlog 的脚本并不难，确定主题之后，一步一步往下做即可。

2.展示分享类

展示分享类 Vlog 一般是针对具体的事件拍摄的，比如产品测评、美食制作、手工制作等。拍摄这类 Vlog 通常都需要提前准备拍摄的脚本。

以数码产品的测评为例，下面将向读者简单介绍一下展示分享类 Vlog 应如何设计脚本。如果在开头部分拍摄太多与零件相关的镜头，很容易消磨观众的耐心，所以需要提前想好每一个环节的展现方式。

图 2-21 所示为笔者测评佳能 R5 和 R6 的 Vlog，笔者只用了几个快镜头展示相关零件和对应的功能。

图 2-21

这类 Vlog 最主要的内容是对产品进行介绍的部分，要求 Vlogger 对产品有较高的熟悉度。为了避免遗漏比较关键的测试内容，建议新手提前罗列好产品的功能点，再进行录制。其中，在对产品功能进行介绍时，还可以拍摄一些特写镜头，如图 2-22 所示。

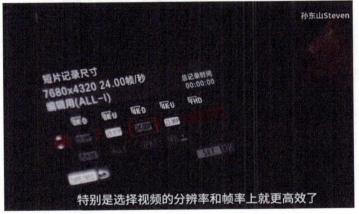

● 图 2-22

如果想要把视频拍摄得更加独特、有创意，则需要 Vlogger 花心思构思一些有特色的画面。关于这一点，Vlogger 也可以在设计脚本时，罗列好每一个镜头要运用的拍摄手法，如机位、运镜方式等。

作为一个新手 Vlogger，可以从学习其他 Vlog "大神"的 Vlog 开始，参考一些优秀作品的拍摄手法，带着这些知识储备再去进行拍摄，会有很大的进步。

3.主题内容类

主题内容类 Vlog 也是比较常见的一种类型，但是这种类型比起前面两类更有难度，比如自制脱口秀、街头采访等。这类节目不仅需要脚本，还需要前期的调研、选题及策划。

举个例子，Casey Neistat 曾在视频中说到过自己走上 Vlog 制作之路的原因。在这个 Vlog 中，他全程都用语速很快的独白无缝衔接，在独白中插入了自己所仰慕的导演的影像、影视作品的影像等各种画面。这个 Vlog 虽然只有短短几分钟，但是从头到尾，感染力极强，观众也能跟着他一起热血澎湃。图 2-23 所示为该 Vlog 的画面截图。

图 2-23

以上即为本节主要介绍的 3 类选题及各类选题下具体脚本制作的案例。当然，除了这 3 类选题之外，还有其他的选题可供选择。在确定选题时，如果想吸引更多的关注，还可以考虑"蹭热点"，也就是在确定主题时加入与热点事件相关的内容。这一点和自媒体文章与短视频一样，热点事件会为我们和用户的沟通搭建一个平台，制造共同的话题，当讨论同一个事件的人越来越多时，就会增加我们的参与感。

最后，以笔者为例，笔者的 Vlog 一般会包含 5 种类型的选题，即旅游类、情感类、搞笑类、生活类、测评类，具体占比如图 2-24 所示。大家在选题的时候，要根据自身情况来确定选题，有计划地进行创作。

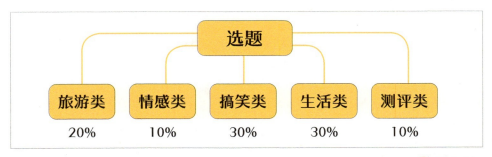

图 2-24

2.3.2 风格

Vlog 就相当于一部电影，Vlogger 在拍摄之前要先把自己的构思写下来，才能确定自己的 Vlog 风格。而风格主要可以分为 3 个方面，具体如图 2-25 所示。其中，"轻重"指的是内容的覆盖面，"快慢"指的是节奏，"直接与非直接"指的是叙事方式。

图 2-25

举个例子，2019 年 6 月北京某大学的学生"何同学"发布的 5G 测速视频爆火，图 2-26 为该视频的画面截图。这个视频的内容覆盖面很广，节奏偏慢，叙事比较直接，没有拐弯抹角。这就是属于他自己的视频风格。

图 2-26

读者在制作 Vlog 时也可以对这 3 个不同的方面进行任意搭配。比如，可以选择非直接的叙事方式，但内容是轻的，内容覆盖面较窄，节奏较快；也可以选择直接的叙事方式，但内容是重的，内容覆盖面较广，节奏较慢。

2.3.3 制作分镜头脚本

了解清楚了 Vlog 脚本的选题和风格之后，再来掌握分镜头脚本的制作方法。在学习分镜头脚本之前，需要先了解分镜头的概念。分镜头是 Vlogger 在文字脚本的基础上，根据自己的整体构思，以镜头为基本单位，将故事情节划分出不同的景别、角度、声画形式、镜头关系等。分镜头脚本如同建筑物的蓝图，是创作 Vlog 必不可少的前期准备。同时，它也是后期拍摄和剪辑视频的直接依据。

分镜头脚本一般会包括镜号、阶段、画面、演员对话、配音台词、场景、人物、道具、拍摄时长（预计）、成片时长（预计）、备注等内容，需要在表格中一一列出。图 2-27 即为文字分镜头脚本的参考示例。

镜号	阶段	画面	演员对话	配音台词	场景	人物	道具	拍摄时长（预计）	成片时长（预计）	备注
1	开场	肖在烈日下打篮球画面，做一套完整的上篮动作；给开水壶特写镜头		肖文韬，"90后"代表人物，一位阳光帅气的高大男孩	就近篮球场	肖文韬	篮球一个	30min	5s	黑屏切入，接篮球声
2	过渡	肖与新同事在球场边休息闲聊，新同事很惆怅	"韬，你说我们新人啥时才能出头？""别乱说，我们先沉下心来学精技术，往后的路才能走得更顺。"	人气持续走高的他，工作蒸蒸日上，被称为示范标杆的"金字招牌"，这可谓实至名归	球场	肖文韬、新人员工（身高要与肖有明显差别）	矿泉水两瓶、擦汗毛巾一条	10min	10s	球场其他球者或来往行人做背景（虚化）
3		二人准备离开球场，碰到一名女同事，三人边走边聊。肖芒着看摇头，然后无奈地朝镜头比画一下自己的脸	女员工："诶？这么看你还有点像何润东。"男同事："别说，还真有点像。"	健谈又大方的他，是省公司大型活动的主持人，也是"互联网号百大咖秀"首发阵容中的成员	球场周围	肖文韬、新人员工、女员工一名	照片一张、笔一支	10min	10s	可接很短的【车水马龙】延时空镜
4	起	肖穿着外套/西装，对着镜子整理着装；神情较为紧张，老有所思，却掩盖不了其内心的激动		2019年，他告别自己熟悉的大数据行业，转战外包呼叫中心，虽然这与以前熟悉的领域有着许多本质上的区别，但眼前的广阔天地让他振奋和期盼	家里	肖文韬	外套/西服	10min	5s	注意表情管控
5		穿鞋镜头，从肖离开家门影开始，画面从近景拉至远景（突出他的身高，这点比较有代表性）			家门口	肖文韬	鞋	10min	5s	（可以增加父母关门的动作镜头）
6		肖等待地铁，迈步走进地铁；等待电梯，迈步走进电梯（只拍下半身，主要是脚步）		通信一直是运营商的优势，但对于从未接触过通信技术的肖文韬来说，重新进行技术学习，深入了解全新产品是必须要面对的难关	地铁站、电梯口	肖文韬		30min	5s	平时上班常用着装
7		肖刚到工位前，做出一系列整理动作，最后打开电脑			工位	肖文韬	电脑	10min	5s	

图 2-27

第 2 章 拍摄 Vlog 需要提前了解的内容

镜号	阶段	画面	演员对话	配音台词	场景	人物	道具	拍摄时长（预计）	成片时长（预计）	备注
8		肖与平生师傅紧密沟通，肖展现出不厌其烦的积极表情，语言不断；平生师傅微笑解答，不时拍拍肖的肩膀	"平生师傅，这里我还是有点不明白""来，我再给你讲一遍"	前三个月的时间里，他一直在研究技术文档，不断寻求技术同事的帮助，请他为自己解答疑虑	平生师傅的工位	肖文韬、平生师傅	电脑/iPad	10min		
9	承	肖疯狂打字，偶尔喝一口水		从实现原理到产品功能，从接入方式到拓展能力，肖文韬将这些知识逐步摸熟摸透，为赋能一线打下了坚实的基础	办公室（同一位置的场景）	肖文韬	电脑、水杯	30min	20s	在同一个画面上（分屏模式）出现多个不同服装下的工作状态（准备3~4件不同类型的上衣）
10		肖看着外包呼叫中心的监控大屏幕，连续快速比对，判断、分析				肖文韬	外包呼叫中心			
11		肖写着一份材料，需要从架子上取一份材料研究比对				肖文韬	文件、文件架			
12		肖正在打电话，一名同事走过来，放了一份文件在他的桌子上，并且示意他电话打完之后再看				肖文韬、年龄相仿的同事一名	文件			
13		肖不在的时候，领导在其工位上放置了4个新的文件夹，其中最上面的文件夹封面写着"【重要】×××等产品售前支撑需求"字眼，寓意着肖要把呼叫中心的7个产品的售前支撑工作承担起来		然而计划永远赶不上变化，由于人事的变动，原本主要负责3个新产品的肖文韬，必须在第一时间将呼叫中心的7个产品的售前支撑工作承担起来	工位	只露出手	4个文件夹	15min	10s	画面中只有手
14		肖刚挂掉电话，手机"叮咚"一声提醒收到微信语音，肖打开一看是分公司的业务咨询留言，肖马上文字回复："没问题，我会根据需求尽快优化方案，谢谢您的信任！"		分公司咨询业务问题及客户需求情况	分公司的咨询电话接踵而至，一个个还未准备好的答案，就面临现实的考验	工位（最好是晚上一个人的时候）	肖文韬和一名配合发送微信语音的人员	电脑、手机	20min	10s	回复文案及微信语音措辞可修改
15		肖看向桌面上的一张自己刚入职时的照片（镜头拉近做转场）		轻描淡写的背后，是横下一条心非要炼成的狠劲。这一试，就试出了一片天地	工位	肖文韬	照片	10min	10s	
16		会议室内，肖不停地切换演讲用的PPT；不停切换观众画面，以营造出肖多次向客户演讲的画面，桌面上的素材一直变		敢于面向一线，敢于面对问题，不懂的勇敢问，了解的放心答。过往的经历给了他足够的底气，现在的他，介绍产品时越来越自信，寻求沟通的思路也越来越清晰	会议室	肖文韬和10个左右的员工	桌面情况（员工自带即可）	60min	20s	混合镜头，核心镜头
17	转	肖收拾好桌上的物品后，起身离开办公室，边走边检查包里的毛巾、药片、水壶、文件等（显示是去出差）		"不是在去分公司培训的路上，就是在与客户沟通的路上。"，奔波似乎成了肖文韬的代名词	工位、办公室	肖文韬	电脑、大背包（出短差用的）毛巾、药片、水壶、文件等	5min	5s	空镜
18		隔壁员工喊住肖，攀谈两句，镜头从该员工背后拍摄，逐渐聚焦到其中的手机（手机上展示企业微信公众号对外呼团队支撑一线事迹的报道。）	"文韬，才回来又出差啊？""是啊，去惠州。""企业微信公众号上又有关于你们的报道了，挺有意思的，有空看看啊。""没问题，先走了啊。"	靠双脚丈量广东大地，誓把高铁坐穿。肖文韬喜欢在一线与客户面对面沟通，一定要做到了解和理解客户。他凭借自身的朝气和锐气，加上潜心钻研、深究产品的韧性和耐性，不断书写属于自己的"创业进行时"	工位附近	肖文韬、旁边工位的员工一名	手机（展示公众号页面）	15min	10s	在对话过程中，镜头逐渐聚焦于员工手中的手机，虚化背景和肖，着重展现公众号的文章和图片
19		航拍肖从长线大厦出发，然后飞机升空，再降落下来；在肖与一位客人洽谈（实为长线大厦或者侨景大厦的其他会议室）后，飞机再升空，换个场景，再降下来，呈现肖走访另一公司进行赋能、支撑现场的过程			多个会议室	肖文韬、一个客户和两三个乙方的人员	背包	60min	15s	航拍肖在长线大厦门口的场景（两个工作会议现场单独拍摄）

图 2-27（续）

镜号	阶段	画面	演员对话	配音台词	场景	人物	道具	拍摄时长（预计）	成片时长（预计）	备注
20		肖回看一年以来的日程表，划掉了很多去玩和旅拍的计划，增加了很多出差和完成项目的指标，肖越看越肖有所思。镜头推进到**电脑屏幕**，其上展示工作照、周报、材料文件夹（坐实肖的成绩）		在呼叫中心的一年时间里，肖文韬协助完成了格力电器呼叫中心的升级与智能化建设，欧派家居全国呼叫平台建设，广州邮政、深圳农商行等多个重点项目落地。在肖文韬的人生字典里，没有"做不来""办不成"两个词，凡事他都勇于尝试，势在必行	家、书桌	肖文韬	一份仿制的日程表	30min	20s	
21	合	肖展开一个本子，里面有三个选项，"做不来""办不成""勇于尝试，势在必行"，肖划掉前两个，勾选最后一个				肖文韬	本子、笔	5min	3s	
22		肖坐在阳台上喝茶，看书，站起来看向窗外		工作之余的肖文涛喜欢琢磨互联网的新业态、新产品，爱看书，会做饭	家	肖文韬	茶杯、互联网类的书籍	10min	5s	
23		肖一边**做饭**一边喊爸爸，镜头同时切到父亲在电视前看新闻	"爸，饭做好了，趁热吃。""好嘞儿子！"	**平凡，而又不简单**	厨房、客厅	肖文韬、肖父亲		10min	10s	画面淡出，黑屏结束

配音台词部分根据拍摄情况再进行删减优化，配音演员的语速为80~130字/min；配音台词以现场导演及演员**自身发挥**为准。

● 图 2-27（续）

除了利用文字制作分镜头脚本之外，还可以通过画面来展示分镜头脚本。图 2-28 为笔者在巴塞罗那拍摄视频的画面分镜头脚本。

● 图 2-28

以上就是两种分镜头脚本的案例。从传递效果上看，画面分镜头脚本优于文字分镜头脚本。大家可以根据实际情况选择合适的分镜头脚本类型。

第3章 拍摄前的准备

　　了解了 Vlog 的制作流程、人设打造和脚本制作之后，还要了解在拍摄中需要使用到的工具和一些拍摄技巧。

　　很多人之所以不敢迈出拍摄 Vlog 的第一步，是因为认为自己没有专业的设备、不知道应该如何选择适合自己的设备、不了解拍摄技巧等。本章将具体分析、解决这些问题。

3.1 拍摄过程中使用的设备

在拍摄 Vlog 的过程中，如果想要随时随地地记录、拍摄，那么在选择设备的时候，有些因素是一定需要考虑的。根据拍摄要求的不同，设备的选择也有所区别。本节将从拍摄设备、稳定设备、收音设备、存储设备等 4 个方面为大家进行讲解。

3.1.1 拍摄设备

在选择拍摄 Vlog 的设备时，Vlogger 对设备的要求大多是越灵活、越便捷越好，侧重于设备的机动性和实用性。简而言之，在有了清晰的定位和好的创意之后，选择设备的原则一定是越高效越好。笔者总结了 5 个选择设备的原则，具体如下。

（1）便捷轻巧

大多数 Vlogger 在拍摄一些日常类、测评类 Vlog 时，通常会独自完成，因此他们难以携带重量较大的设备，所以越轻巧的设备越利于随身携带。

（2）自动对焦性能

拍摄 Vlog 和拍摄电影不同，拍摄 Vlog 一般都没有团队，不能像拍电影一样配置跟焦员。所以在选择拍摄设备时，一定要考虑其自动对焦的性能。只有可以快速、准确自动对焦的设备才可以帮助 Vlogger 快速切换对焦目标，这一点在动态拍摄时尤为关键。

（3）防抖

Vlogger 在拍摄的过程中，经常会边走边拍，甚至是边跑边拍，所以防抖功能也是不可忽视的一点。如果画面抖得太厉害，会影响用户的整体观看感受。

（4）翻转屏

Vlog 的拍摄主体主要是 Vlogger 自己，所以无论是新手还是 Vlog"大神"，在选择设备时都有必要考虑设备是否带有翻转屏这一点。通过一块可朝向正面显示的翻转屏，Vlogger 可以时刻了解自己的出镜状态。图 3-1 即为带有翻转屏的拍摄设备。

图 3-1

有了翻转屏，Vlogger 在拍摄过程中就能随时看到自己是否超出取景范围、面部表情管理得如何，还可及时调整自己的状态。拥有带有翻转屏的拍摄设备是 Vlog 拍摄的入门要求。

（5）直出色彩效果好

拥有一台直出色彩效果好、像素高的设备，可以在很大程度上减少后期投入的时间成本。画质好的设备能够让我们拍摄出来的作品更加清晰，也容易产生"大片既视感"，让用户的观看感受更好。

以上 5 点即为我们在挑选拍摄设备时可以参照的 5 个原则。那么具体应该如何选择呢？接着往下看。

1.手机

在拍摄 Vlog 时，根据拍摄场景和 Vlog 类型的不同，所需设备也有所不同。对于刚入门的新手而言，制作 Vlog 不需要太多的专业器材，轻便就是新手对设备最基本、最直接的要求。目前市面上很多手机都有防抖功能，因此，轻巧便携的手机就是新手拍摄 Vlog 的不二之选，而在使用手机拍摄时往往会需要一些辅助设备，下面举例说明。

（1）拍摄支架及三脚架

无论是业余拍摄还是专业拍摄，支架及三脚架的作用都是不可忽视的，特别是在拍摄一些固定机位、特殊的大场景或进行延时拍摄时，使用这类辅助设备可以很好地稳定拍摄设备。图 3-2 所示为不同类型的支架设备，大家可以根据自己的实际情况和拍摄场景来进行选择。

图 3-2

（2）自拍杆

在拍摄自拍类视频时，因为人的手臂长度有限，拍摄范围自然就会有一定的限制。如果想拍摄全身或者让搭档进入镜头，则需要使用自拍杆辅助拍摄。自拍杆有 3 个显著的优点，即性价比高、操作简单、功能强大。

自拍杆主要分为两种，一种是手持式自拍杆，如图 3-3 所示。另一种是支架式自拍杆，如图 3-4 所示。相较于手持式自拍杆，支架式自拍杆最大的优势在于它可以解放拍摄者的双手，并且稳定性也更强。而手持式自拍杆更轻便，可以"随拿随拍"。大家可以根据不同的拍摄需求进行选择。

图 3-3　　　　图 3-4

（3）音频设备

对于视频拍摄而言，声音和画面一样重要，很多新手在入门时容易忽略这一点。使用手机的外置麦克风等音频辅助设备，会让 Vlog 的音质得到一定的提升，也会让声音的后期处理工作变得更简单高效。

常用的音频设备有线控耳机、智能录音笔、麦克风等。一些简单的拍摄，对音质没有太高要求的，使用线控耳机即可。

智能录音笔非常适用于手机 Vlog 的即时处理和制作。麦克风主要分为外接麦克风、领夹麦克风和无线麦克风 3 种。更为详细的介绍请参考 3.1 节的内容。

（4）补光灯与反光板

无论拍摄照片还是视频，光线都是尤为重要的一项因素。许多新手在室内拍摄 Vlog 时，不能很好地把握配光的技巧和原则。如果想在晚上或光线过暗的环境下拍摄 Vlog，可以使用补光灯。补光灯比闪光灯的光线更柔和，可以有效提亮周围的拍摄环境或人物肤色，同时还具备柔光效果，如图 3-5 所示。

如果在室外进行大场景拍摄，还可以使用反光板，如图 3-6 所示。其特点是轻便、补光效果好，在室外可以起到辅助照明的作用。

● 图 3-5

● 图 3-6

2.微单、单反

如果不满足于手机拍摄的效果,有更高要求的Vlogger也可以选择专业的相机进行拍摄。相较于手机,微单和单反在摄影方面的优势更明显。

面对众多价位、功能各异的不同类型的相机,大部分人都不知道应该如何选择。在此,以佳能的一款产品为例,向大家介绍相关性能,读者可以此为参考并根据自身需求进行选择。

佳能EOS 90D系列数码相机,于2019年9月上市,共有3款产品。熟知佳能系列产品的读者一定知道佳能EOS 60D、EOS 70D、EOS 80D这条产品线,到目前为止,它每隔3年更新一代,EOS 90D则是对EOS 80D进行全新升级的一款产品。

作为升级版的EOS 90D,有哪些值得入手的地方呢?笔者将从以下4个方面和大家进行分享。

第一,从重量来看,佳能EOS 90D的机身重量约为619克,图3-7所示为EOS 90D与其他几款热门相机的重量对比,虽然机身较重,但其功能更齐全,性价比更高。

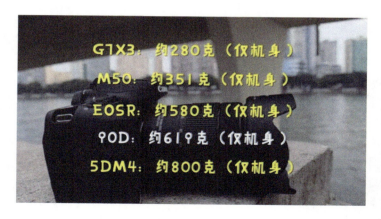

图 3-7

第二,佳能EOS 90D具有翻转屏。如今我们的手机都是触摸屏的,很多计算机、平板电脑也都支持触摸屏,而佳能EOS 90D的翻转屏也同样支持触屏操控,这一设计对于很多新手来说实用性较强。

第三，对于一些旅拍的 Vlogger 来说，在旅途中，遇到美景、美物、美人时，难免会拍摄一些照片作为留念，而佳能 EOS 90D 的优势即在于它支持高速连拍，每秒最多可拍 11 张照片。

第四，佳能 EOS 90D 支持 4K 无裁切短片记录尺寸。4K 指的是视频的清晰度，4K 分辨率属于超高清分辨率，在此分辨率下，观众可以看清画面中的每一个细节。很多读者可能不知道裁切和无裁切的区别，图 3-8 所示为裁切和无裁切模式下拍摄画面的对比图，可以看到无裁切画面的左右两边更宽。

很多价格上万元的相机的 4K 短片记录尺寸都是裁切的，而佳能做了特殊处理，既能选择裁切，也可以选择无裁切，如图 3-9 所示。

图 3-8

图 3-9

3.运动相机

有一些 Vlogger 对 Vlog 的创作要求更高，特别是一些极限运动 Vlogger，其拍摄场景常常在荒山野岭、高空、大海之中，那么运动相机更适合这类 Vlogger。运动相机基本都配有广角镜头，并且防水、防摔，安装其他附件后还可以进一步提升拍摄性能，比如 4K 拍摄、多机同步拍摄等。

运动相机的种类也有很多，GoPro 和 Osmo Action 都是比较不错的运动相机，大家可以根据自己的预算和需求选择最适合自己的一款。

3.1.2 稳定设备

在手持拍摄中,最重要的就是保持稳定性。这也是区分创作者"专业"还是"业余"的重要标准。很多新手在刚开始学习拍视频时,总是会觉得自己的作品和 App 上其他创作者拍摄的作品的观感差别很大,其中很大一部分原因就是新手拍摄的视频画面会很抖。

1.手机云台和相机云台

选择好拍摄设备之后,稳定设备也是 Vlogger 需要考虑的。除了三脚架之外,还有一些更专业的稳定器材可供选择,即手机云台和相机云台。

如果视频画面抖动比较严重,观众观看起来会很不舒服。虽然现在很多智能手机都具备防抖功能,但都不如一款手机云台的防抖功能来得直接。作为一款辅助稳定设备,手机云台通过陀螺仪来检测设备是否抖动,并用三个电机来抵消抖动。图 3-10 所示为智云 SMOOTH 4 云台。

● 图 3-10

使用手机云台可以很好地过滤掉运动产生的细微颠簸和抖动，确保画面的流畅和稳定。同时，它握持方便，可以适应多种场景的拍摄需求。几乎所有从事手机视频拍摄的人，都会购买一款手机云台。"专业"创作者的作品之所以好看，除了具有创意之外，画面稳定不抖动也是一个重要因素。

下面以智云 SMOOTH 4 云台为例，介绍手机和手机云台的连接方法和手机云台的使用方法。其余品牌型号的手机云台操作方法基本类似，具体请查阅对应的说明书或问询相关客服人员。

① 下载对应的 App。这里值得一提的是，不同厂家生产的手机云台都各自配备了独立的拍摄 App，手机云台的大部分拍摄功能也需要通过安装 App 来实现。在使用手机云台前，用户需要自行安装手机云台对应的 App。比如对于智云 SMOOTH 4 云台而言，就需在应用商店下载安装 ZY PLAY App，如图 3-11 所示。

② 将手机安装在手机云台上并调整好平衡，长按手机云台的电源按钮开启设备。设备激活后，开启手机蓝牙，并打开 ZY PLAY App，在 App 主界面点击"立即连接"按钮，如图 3-12 所示。

图 3-11

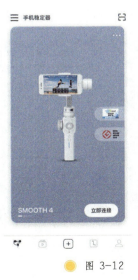
图 3-12

③ 待通过蓝牙搜索到手机云台设备后，点击设备名称后的"连接"按钮，如图 3-13 所示。待连接成功后，界面将出现提示信息，此时点击"立即进入"按钮，如图 3-14 所示，即可进入拍摄界面。

图 3-13

图 3-14

④ 进入拍摄界面后，如图 3-15 所示，用户即可通过按键或触屏进行操控，使用智云 SMOOTH 4 云台的各种拍摄功能。

图 3-15

在正式使用手机云台进行拍摄前，大家需要对手机云台的功能按钮有一个清晰的认识，这样才能更好地掌握拍摄方法。图 3-16 所示为智云 SMOOTH 4 云台正面（中控区）的功能按钮、滚轮、拨轮的展示图。

第 3 章 拍摄前的准备

图 3-16

功能按钮、滚轮、拨轮的介绍如下。

- **菜单按钮**：按下该按钮可以打开ZY PLAY App的拍摄功能菜单，如图3-17所示。此外，还可以通过该按钮实现界面的返回操作。

图 3-17

- **变焦滚轮**：转动该滚轮可实现拍摄时的变焦操作。

- **方向拨轮**：转动拨轮可实现功能选项的切换。对应上、左、下、右4个方向按下拨轮可进行分辨率设置、前后镜头切换、曝光设置、打开素材库这几个操作。

- **变焦/跟焦按钮**：按下该按钮可以实现变焦和跟焦功能的切换。

061

- **PF/L模式切换按钮**：按下该按钮可在PF（左右跟随）和L（全锁定）模式之间进行切换。

- **详细参数按钮**：DISP为Directory Information Shadowing Protocol的缩写，特指文件信息。按下该按钮，可将拍摄参数显示或关闭。在ZY PLAY App的素材库中打开拍摄的视频或图像，按下该按钮，可显示素材的拍摄日期、设备和尺寸信息。

- **补光灯按钮**：长按该按钮可开启或关闭手机闪光灯。

- **拍摄选项按钮**：按下该按钮可进行照片拍摄。

- **录制选项按钮**：按下该按钮可以实现视频的录制与停止录制操作。

- **电源按钮**：长按该按钮可实现设备的开启或关闭操作。

除了手机云台之外，使用相机的Vlogger也可以使用相机云台来保持视频画面的稳定，具体操作方法可见产品说明书，在此不再赘述。

2.滑轨

如果想要拍出稳定、无顿挫感的平移镜头，可以为手机加装滑轨，具体如图3-18和图3-19所示。

图 3-18

图 3-19

为手机加装滑轨主要有以下3个优点。

① 滑轨一般采用铝合金材质制成，具有一定的稳定性和承重能力，并且可与相机三脚架、旋转云台连接，以满足不同角度和高度的拍摄需求。

② 使用滑轨拍摄不卡顿，拍摄的镜头顺畅，通过阻尼调节可有效减少拍摄时因手机移动而产生的噪声。

③ 部分电动滑轨支持通过 App 进行操控，能有效避免因手推造成的失误，大大提高拍摄效率。

3.1.3 收音设备

对于视频拍摄而言，声音与画面同样重要。很多新人入门时容易忽略这一点。在进行视频拍摄时，不仅要考虑后期对声音的处理，还得做好同期声音的录制工作。很多视频创作都是在户外进行的，如果只使用手机麦克风或直接用相机录制声音，其音质很难得到保证，后期处理起来也会比较麻烦。

针对这种情况，使用一些音频辅助设备，会对 Vlog 的音质起到一定的提升作用，也能让后期的声音处理工作变得简单高效。下面为大家介绍几款拍摄 Vlog 时常用的音频设备。

1. 线控耳机

线控耳机是大家日常拍摄时最常用的音频设备之一，如图 3-20 所示。使用时只需要将其与手机连接，就可以进行声音的实时传输。相较于昂贵的专业音频设备，线控耳机虽然成本低，但收音效果一般，不能很好地对环境进行降噪处理。

简单的拍摄，对录入音质没有太高要求的，使用线控耳机是个不错的选择。在录制声音时，尽量选择安静的环境，麦克风不宜距离嘴巴太近，以免产生爆音。必要的话可以尝试在麦克风上方贴上湿巾，这样可以有效减少噪声和爆音的发生。

2. 智能录音笔

智能录音笔是基于人工智能技术，集高清录音、录音转文字、同声传译、云端存储等功能于一体的智能硬件，其体积小、重量轻，非常适合日常携带，如图 3-21 所示。

与前一代的数码录音笔相比，新一代智能录音笔最显著的特点是可以将录音实时转为文字，录音结束后，即时成稿并支持分享，大大方便了后期字幕的处理工作。此外，市面上大部分智能录音笔支持 OTG 文件互传，或是通过 App 进行录音控制、文件实时上传等，非常适用于手机短视频的即时处理和制作。

 图 3-20

 图 3-21

3.外接麦克风（外接指向麦克风、外接有线麦克风）

外接麦克风的特点是易携带、重量轻，与线控耳机和智能录音笔相比，其音质和降噪效果更好。使用时，只需将其自带的 3.5mm 接口的连接线与设备相连，就可以轻松地进行声音拾取，并与画面同步。市面上的外接麦克风品种众多，图 3-22 和图 3-23 所示分别为外接指向麦克风和外接有线麦克风，前者适合近距离或者在较为安静的环境下进行拾音；后者配有较长的音频线，声音录入者手持话筒，可以进行远距离拾音。

 图 3-22

 图 3-23

外接麦克风的选取非常关键，麦克风的质量直接影响到语音识别的质量和有效作用距离。好的麦克风的录音频响曲线比较平稳，背景电噪声低，可以在比较远的距离录入清晰的人声，声音还原度高。因此大家最好多看、多比较，根据自己的拍摄情况选取合适的外接麦克风。

除此之外，单靠一只麦克风有时是无法满足拾音需求的。想要获得高质量的音频自然需要借助一些辅助设备，例如吊杆、防雨罩、减震架、防风海绵罩等，创作者可以根据具体拍摄场景选择辅助设备。

4.领夹麦克风（有线领夹麦克风、无线领夹麦克风）

领夹麦克风适用于捕捉人物对白，分为有线领夹麦克风和无线领夹麦克风两种，分别如图 3-24 和图 3-25 所示。有线领夹麦克风适用于舞台演出、场地录制、广播电视等不需要拍摄人员和机器移动的场合；而无线领夹麦克风适用于同期录音、户外采访、教学讲课、促销宣传等场合。领夹麦克风具有体积小、重量轻等特点，可以轻易地隐藏在衣领或外套下。

图 3-24

图 3-25

值得注意的是，无线领夹麦克风一般配备发射器与接收器，需在有效范围内进行连接和使用。有线领夹麦克风一般支持手机即插即用（需为 3.5mm 耳机孔），部分情况下可搭配转接线、音频一分二转接头进行扩展使用。

5.无线麦克风

无线麦克风主要是通过接收器与发射器上的信号天线接收声音信号,并且配备独立的电源,因此可以进行长距离无线声音传输,如图 3-26 和图 3-27 所示。

使用时,可以接入领夹麦克风,并应尽可能将麦克风靠近嘴巴,避免因距离较远或调整音量而产生噪声,在使用部分支持低切功能的无线麦克风时,建议将该功能开启。

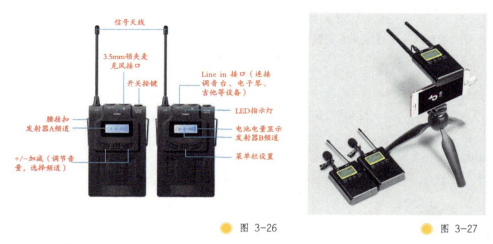

● 图 3-26　　　　　　　　　● 图 3-27

除了拍摄设备、稳定设备、收音设备之外,有时可能还需要存储设备,大家可以根据自身需求选择 SD 卡、移动硬盘等。

读者如果仍然不知该如何选择设备,可以参考下面针对各个阶段的 Vlog 创作者给出的方案。

① 毫无拍摄经验的新手:推荐"手机 + 手机自带的耳机"组合。这套组合的前期投入最少,适用于学习摸索。

② 有一定基础的入门创作者:推荐"手机 + 手机云台 + 领夹麦克风"组合。手机云台可以保障拍摄画面的稳定性,领夹麦克风能满足该阶段创作者的音频收录需求,相对来说投入不算多,但是拍摄效果会比新手组合好很多。

③ 有一定经验的中阶创作者:推荐"微单(防抖)+ 相机云台 + 麦克风"组合。麦克风和相机云台在拍摄时可以减少外部环境的干扰,这套组合可以满足专业创作者的拍摄要求。

④ 极限运动者:推荐使用运动相机。

3.2 了解对焦与分辨率

无论是使用相机还是手机拍摄，型号不同，拍摄视频的功能如分辨率、尺寸等，也会有所差别。但总体出入不大，操作步骤也基本相同。不管使用何种设备，要想拍出清晰度较高的视频，就需要先了解两个概念——对焦与分辨率。

3.2.1 对焦——影响拍摄时的清晰度

对焦，指的是拍摄视频时调整镜头焦点与被摄对象之间的距离。对焦的准确度决定了视频主体的清晰度。在拍摄 Vlog 时，如果未进行正确的对焦，那么拍摄的画面将呈现一种模糊的状态，如图 3-28 所示。

● 图 3-28

而正确对焦后，画面就会变得清晰，如图 3-29 所示。因此，对焦是影响画面清晰度的第一要素。

● 图 3-29

拍摄视频时，还可以采用变焦拍摄，比如将远处的景物拉近，然后再进行视频拍摄。在进行视频拍摄的过程中，采用变焦拍摄的好处就是免去了拍摄者来回走动的麻烦，只需固定在一处，便可以拍摄到远处的景物。

有些新手可能会觉得疑惑，为什么拍视频时画面时而清晰，时而模糊。如果不是人为设置了对焦拍摄，大多数手机默认的对焦方式为自动对焦。这样，在拍摄静态物体时，相机能自动调整距离从而快速找到对焦点。

但在自动对焦状态下拍摄动态物体的时候，对焦点会因为被摄对象的动作而产生变化，因此拍摄时画面就会时而清晰，时而模糊。要想避免这种情况，可以在拍摄过程中关闭自动对焦功能，通过自身走位来即时调整与被摄对象之间的距离。

接下来以手机拍摄为例，向大家介绍自动对焦和手动对焦。手机的自动对焦本质上是集成在手机ISP（图像信号处理器）中的一套数据计算方法，手机会以此自动判断拍摄者所拍摄的主体；而手动对焦可以由拍摄者通过手指点击屏幕某处完成对该处的对焦，部分手机还可以通过设置快捷键来实现对焦。

下面就以iPhone手机为例，为大家讲解如何进行手机的对焦拍摄。

① 打开手机自带的相机，进入拍摄界面后，切换至视频拍摄模式，可以看到画面中出现的黄色方框，这就是画面的对焦点，如图3-30所示。默认情况下，手机处于自动对焦状态，因此在拍摄过程中，对焦点不会锁定某个固定对象，而是会随环境与主体的变化而发生位置的改变。

图 3-30

② 下面讲解手动对焦的方法。将镜头对准需要进行取景的地方，然后点击画面中的具体位置（即主体所在位置），便可以进行对焦，如图3-31所示。点击拍摄按钮进行拍摄，此时可以用手指点击画面中的任意对象，改变对焦点的位置。

● 图 3-31

③ 此外，通过手机的"自动曝光/自动对焦锁定"功能，可以使对焦点始终固定在一个位置，从而拍出文艺感十足的失焦视频效果。以夜间拍摄灯光为例，图3-32所示为未锁定对焦点时的拍摄效果，画面表现力一般。

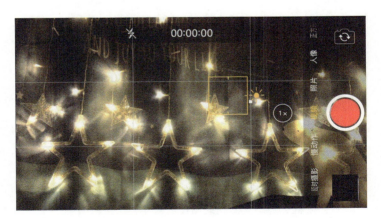

● 图 3-32

④ 将镜头对准一个距离镜头较近的物体，比如手掌、衣服等。将对焦点固定于这类近距离的物体上，然后长按手机屏幕（对焦点所在位置），在屏幕顶部将出现"自动曝光/自动对焦锁定"字样，如图3-33所示，这代表此时对焦点已被锁定。

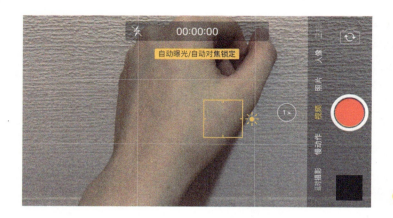

图 3-33

⑤ 锁定对焦点后，迅速移动手机，将镜头对准要拍摄的灯光。此时会发现镜头中的灯光呈虚化状态，如图 3-34 所示。

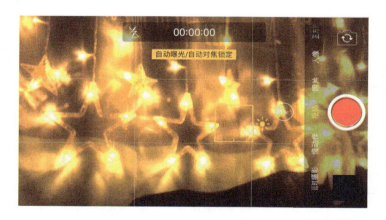

图 3-34

⑥ 利用上述方法，结合创意，可以拍出各种有趣的失焦效果。在进行对焦拍摄时，需要注意以下几点。

- 黄色方框旁的小太阳代表画面的曝光，上滑可提高亮度，下滑可降低亮度。在拍摄时，对焦的位置不同，画面的明暗度也会有所不同。务必进行正确的对焦，不要令画面过暗。

- 在对近距离的物体进行对焦时，要在有效的距离内实现对焦，以保证主体的清晰度。

· 在进行失焦效果的拍摄时，对近距离的物体对焦成功后，不要改变对焦的位置（即不要再次随意点击屏幕上的其他地方），此时调整镜头拍摄远景，要注意时刻保持镜头的失焦状态。在上下滑动调整曝光时，动作要轻柔，避免误触而导致再次对焦。

3.2.2 分辨率——影响输出时的清晰度

想要拍摄出一段好的视频，保证视频的画质是基本的要求。在用手机拍摄视频时，成像质量有50%取决于手机摄像头的像素，剩下的50%取决于拍摄参数的设置。很多手机在拍摄时可以选择调整分辨率、画质等级、亮度、格式等参数，笔者建议读者尽量选择较高的分辨率、画质和易于编辑的格式，以保证得到最佳的视频品质。

1. 480P（标清）

480P是如今视频中较为基础的分辨率。480表示的是垂直分辨率，简单来说就是垂直方向上有480条水平扫描线；P是Progressive Scan的缩写，代表逐行扫描。在480P的分辨率下，不管是在拍摄视频时，还是在观看视频时，画面都比较流畅，但清晰度一般。480P的视频占据的手机内存较小，在播放时对网络方面的要求不是很高，即使在网络不太好的情况下，基本上也能正常播放。

2. 720P（高清）

720P的完整表达为HD 720P，其常见分辨率为1280像素×720像素，而且使用该分辨率拍摄出来的视频的声音具有立体声的效果，这一点是480P无法做到的。不管是视频拍摄者，还是视频观众，如果对音质要求较高，720P是一个不错的选择。

3. 1080P（全高清）

1080P在众多智能手机中表示为FHD 1080P。其中，FHD是Full High Definition的缩写，意为全高清。它所能显示的画面清晰度比720P更胜一筹，因此对于手机内存和网络的要求也就更高。它延续了720P所具有的立体声功能，但画面效果更佳，分辨率能达到1920像素×1080像素，在展示视频细节方面，1080P有着相当大的优势。

4. 4K（超高清）

4K在部分手机中表示为UHD 4K，UHD是Ultra High Definition的缩写，是

FHD 1080P 的升级版，分辨率达到了 3840 像素 ×2160 像素，是 1080P 的数倍之多。采用 4K 分辨率拍摄出来的视频，不管是在画面清晰度还是在声音的展示上，都有着十分强大的表现力。

需要注意的是，分辨率越高，拍摄出来的视频质量就越好，但是占用的内存也会越大。以主流的 1080P 视频为例，拍摄一个 1 分钟的视频所需的存储空间最少为 100MB；如果拍摄 2K 或者 4K 视频，所需的空间就会更大。而在实际拍摄中，要达到预想的创意或效果，一般会拍摄多遍或多段素材，所以无论是使用手机还是相机拍摄 Vlog，务必要预留一定的空间，以确保拍摄工作能正常进行。

3.3 了解拍摄技巧

大多数新手在拍完 Vlog 之后会觉得自己的 Vlog 看上去总是比别人的差一点，但是又不知道问题出在哪里。其实问题主要出在不会灵活运用拍摄的手法上。本节将为读者详细介绍一些视频的拍摄技巧。

3.3.1 摄像——9种运镜技巧的使用

在制作 Vlog 时，如果想要把 Vlog 制作得更精美、更引人注意一些，掌握运动摄像的准则和常用技巧是基本要求。拍摄的基本准则可以分为推、拉、摇、移、跟、升降、甩等。这当中自然有很多技巧，本小节将为读者一一进行介绍，为之后制作 Vlog 奠定良好的基础。

1. 推镜头

推镜头是镜头指向被摄对象，或者变动镜头焦距使画面框架由远而近，向被摄对象不断接近的拍摄方法。推镜头可以形成视觉前移效果，会使被摄对象由小变大、周围环境由大变小，如图 3-35 所示。

推镜头在拍摄中起到的作用：突出被摄物，使观众的视线慢慢接近被摄对象，并逐渐将观众的注意力从整体引向局部。在推镜头的过程中，画面所包含的内容逐渐减少，通过镜头的运动摒弃了画面中多余的部分，从而突出了重点。推进速度可以影响画面的节奏。

图 3-35

2.拉镜头

拉镜头和推镜头相反,是摄像机不断远离被摄对象的拍摄方法,如图 3-36 所示。

图 3-36

拉镜头的作用可以分为两个方面:一是为了表现主体人物或景物在环境中的位置,即在摄像机向后移动的过程中,逐渐扩大画面的视野范围,从而在一个镜头内反映局部与整体的关系;二是为了镜头之间的衔接需要,比如前一个画面是某个场景中的特写镜头,而后一个画面是另一个场景中的镜头,通过拉镜头的方式将两个镜头衔接起来,会显得十分自然。

3.摇镜头

摇镜头就是摄像机的位置保持不动,只靠镜头的变动来调整拍摄的方向,这类似于人站着不动,而靠转动头部来观察周围的事物。图 3-37 所示为摇镜头的示意图。

图 3-37

摇镜头分为好几类，可以左右摇，也可以上下摇，还可以斜摇或者与移镜头混合在一起使用。在拍摄时缓慢地摇镜头，对所要呈现给观众的场景进行逐一展示，可以有效地达到拉长时间和拓展空间的效果，从而给观众留下深刻的印象。

摇镜头可以使拍摄内容表现得有头有尾、一气呵成，因而要求开头和结尾的镜头画面目标明确，从一个被拍摄目标摇起，到另一个被拍摄目标结束，这一过程中的画面也应该是被表现的内容。

此外，在拍摄时，设备的运动速度具有一定的规律均匀，起幅先停滞片刻，然后逐渐加速，变为匀速，逐渐减速，再停滞，最后落幅要缓慢。

4.移镜头

移镜头这一技巧是法国摄影师普洛米奥于1896年在威尼斯的游艇中受到启发而发明的。他设想用"移动的电影摄影机"来拍摄，使不动的物体发生运动，于是在电影中他首创了横移镜头，即把摄影机放在移动车上，向轨道的一侧拍摄镜头，如图3-38所示。这样拍出来的视频可以达到人力所不能及的稳定性，这一技巧在电影拍摄中应用颇多。

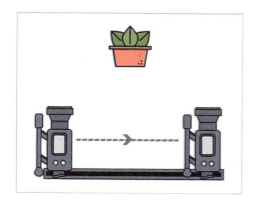

图 3-38

使用手机拍摄 Vlog 时同样可以移镜头，如果没有滑轨等设备，则可以用双手扶持手机，然后保持身体不动，通过缓慢移动双臂来平移手机镜头，如图 3-39 所示。

● 图 3-39

移镜头的目的是表现场景中的人与物、人与人、物与物之间的空间关系，或者把一些事物连贯起来加以表现。移镜头与摇镜头的相似之处在于，它们都是为了表现场景中的主体与陪体之间的关系，但是在画面上给人的视觉效果是完全不同的。

摇镜头是摄像机的位置不动，拍摄角度发生变化。摇镜头适用于拍摄距离较近的物体和主体。而移镜头是拍摄角度不变，摄像机本身的位置产生变化来拍摄画面主体，移镜头可以创造特定的氛围。

5.跟镜头

跟镜头是指摄像机跟随运动状态下的被摄对象进行拍摄，有推、拉、摇、移、升降、旋转等形式。镜头跟拍使处于运动状态中的被摄对象（主体）在画面中的位置保持不动，而前后景可能在不断变化。这种拍摄技巧既可以突出运动中的被摄对象，又可以交代被摄对象的运动方向、速度、体态及其与环境的关系，使被摄对象的运动保持连贯性，有利于展示被摄对象处于运动状态时的精神面貌。图 3-40 所示为跟镜头的示意图。

● 图 3-40

6.升降镜头

升降镜头是指摄像机上下运动着进行拍摄,是一种从多视点表现场景的方法,其变化的技巧有垂直方向升降、斜向升降和不规则升降。在拍摄过程中,不断改变摄像机的高度和俯仰角度,会给观众带来丰富的视觉感受。升降镜头如果在速度和节奏方面设置适当,则可以创造性地表达一个情节的情调,常常用来展示事件的发展规律或在场景中做上下运动的被摄对象的主观情绪。在实际拍摄中将升降镜头与其他技巧结合运用,能够表现出丰富多变的视觉效果。图 3-41 所示为升降镜头的示意图。

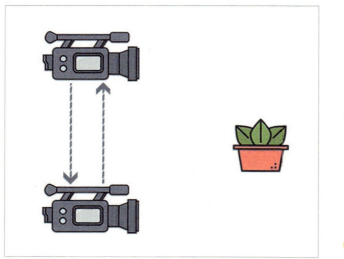

图 3-41

7.甩镜头

甩镜头对摄像师的要求比较高,它是指一个画面结束后不停机,镜头急速"摇转"到另一个方向,从而将镜头的画面改变为另一个内容,而在摇转的过程中所拍摄下来的内容会变得模糊不清。这个过程类似于我们在观察一个事物时,突然将头转向另一个事物,符合我们的视觉习惯。甩镜头可以强调空间的转换和同一时间内不同场景中发生的并列情景。

甩镜头要求具有一定的节奏和速度,可以让画面突然地过渡。在具体拍摄时,要注意甩的方向、速度及过程的长度应该与前后镜头的动作、方向和速度相适应。此外,也可以专门拍摄一段向所需方向甩出的流动影像镜头,通过后期剪辑,将该镜头插入前后两个镜头之间。

8.旋转镜头

旋转镜头是指摄像机拍下被摄对象或背景呈旋转效果的画面。常用的拍摄手法有以下几种。

- 沿着镜头光轴仰角旋转拍摄。

- 摄像机呈360°快速环摇拍摄。

- 被摄对象与摄像机几乎处于同一轴盘上并做360°的旋转拍摄。

- 在摄像机不动的情况下，将胶片或者磁带上的影像或照片旋转、倒置拍摄，可以顺时针或逆时针转动。

- 运用可旋转的运载工具拍摄，同样可以获得旋转的效果。

旋转镜头往往用来表现人物在旋转中的主观视线或者眩晕感，或者以此来烘托情绪，渲染气氛。图3-42所示为旋转镜头的示意图。

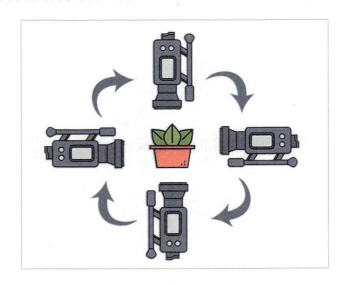

图 3-42

9.晃动镜头

晃动镜头是指在拍摄过程中摄像机机身做上下前后摇摆的拍摄，常用作为主观镜头，在特定情况下使用往往能产生的震撼效果，表现主观情绪，以营造特定的艺术效果，例如表现精神恍惚、头晕、乘车摇晃颠簸等。

以上提到的 9 种运镜技巧在实际拍摄中不是孤立的，它们可以结合使用，产生丰富的运镜效果。

拍摄时，要根据实际需求来选用运镜技巧，镜头的运动应尽量保持匀速、平稳、果断，切忌无目的地滥用运镜技巧，无故停顿或者随意晃动。这样不但影响视频内容的表达，制作出来的视频还会使观众眼花缭乱，摸不着头脑。

3.3.2 构图——9种构图技巧

除了运镜技巧之外，构图技巧在拍摄中也很重要。选择适合视频拍摄主体的构图能够为视频加分不少。接下来就为大家介绍 9 种不同的构图技巧。

1.中心构图

中心构图是一种简单并且常见的构图技巧，将主体放置在相机或手机画面的中心进行拍摄，能更好地突出视频拍摄主体，让观众一眼看到视频的重点，从而将目光锁定在主体上，了解视频想要传递的信息。使用中心构图拍摄视频最大的优点在于主体突出、明确，画面容易达到左右平衡的效果，并且构图简练，非常适合用来表现物体的对称性，如图 3-43 所示。

图 3-43

那么在什么拍摄情况下适合采用中心构图呢？如果拍摄的主体只有一个，就可以采用中心构图来拍摄视频，而且这种构图技巧操作起来十分简单，对技术上的要求不多，对于新手来说是一种极易上手的构图技巧。需要注意的是，我们在采用中心构图时要尽量保证背景简洁干净，以免喧宾夺主。

2.三分线构图

三分线构图是指将视频画面横向或纵向地分为 3 个部分，在拍摄视频时，将主体或焦点放在三分线的某一位置上进行构图取景，让主体更加突出，画面具有层次感，如图 3-44 所示。三分线构图是一种经典且简单易学的构图技巧。

图 3-44

三分线构图一般是将视频拍摄主体放在偏离画面中心 1/6 处，使画面不至于太枯燥和呆板，还能突出视频拍摄主题，使画面紧凑有力。此外，使用该构图技巧还能使画面具有平衡感，左右或上下更加协调。

3.前景构图

使用前景构图拍摄视频可以增加画面的层次感，在使画面内容更加丰富的同时，还能很好地展现视频拍摄主体。前景构图分为两种情况。一种是将主体作为前景进行拍摄，如图 3-45 所示，将主体——柳条直接作为前景进行拍摄，不仅使主体更加清晰醒目，还使视频画面更有层次感，背景则做虚化处理。另一种就是将主体以外的事物作为前景进行拍摄，如图 3-46 所示，利用杂草作为前景，让观众在视觉上有一种向里的延伸感的同时，还有一种身临其境的感觉。

图 3-45

图 3-46

4.边框构图

在取景时，可以有意地寻找一些边框元素，如窗户、门框、树枝、山洞等。在选择好边框元素后，调整拍摄角度和拍摄距离，将主体景物安排在边框之中即可，如图 3-47 和图 3-48 所示。

需要注意的是，在拍摄时，有些边框元素会很明显，比如常见的窗户、门框等景物；但有些边框元素并不会很明显，比如在拍摄一些风光景色时，有些倾斜的树枝也可以作为边框元素。

第 3 章 拍摄前的准备

图 3-47

图 3-48

5.光线构图

在视频拍摄中用到的光线有很多，如顺光、侧光、逆光、顶光这 4 类常见的光线。光线带给视频拍摄的好处不仅仅是让人眼能够看见视频拍摄主体，利用好光线还可以使视频画面呈现出不一样的光影艺术效果，如图 3-49～图 3-51 所示。

图 3-49

081

图 3-50

图 3-51

那么上文提到的顺光、侧光、逆光和顶光各有什么特点呢？

顺光是指从视频拍摄主体正面照射而来的光线，着光面是视频拍摄主体的正面，这是在摄影时常用的光线。利用顺光拍摄视频，能够让视频拍摄主体呈现出自身的细节和色彩。

侧光是指光源的照射方向与视频拍摄方向成直角，是从视频拍摄主体的左侧或右侧直射而来的光线。因此视频拍摄主体受光源照射的一面非常明亮，而另一面则比较阴暗，画面的明暗层次非常鲜明。利用侧光拍摄视频，可以体现出一定的立体感和空间感。

逆光是指视频拍摄主体刚好处于光源和拍摄设备之间时的光线，是一种具有艺术魅力和较强表现力的光线，但是这种光线容易使视频拍摄主体在画面中出现曝光不足的情况。利用逆光拍摄视频时，如果能合理利用画面中各部分所呈现的明暗反差，则会大大增强画面的立体感。

顶光是指从视频拍摄主体上方直接照射到视频拍摄主体上的光线。当顶光竖直照射在视频拍摄主体上时，阴影在视频拍摄主体的下方，其面积较小，几乎不会影响视频拍摄主体的色彩和形状的展现。顶光若很亮，则能够展现出视频拍摄主体的细节，使视频拍摄主体在画面中显得十分明亮。

6.透视构图

透视构图是指利用视频画面中的某一条线或某几条线形成由近及远的延伸感，能使观众的视线沿着视频画面中的线条汇聚到一点。

视频拍摄中的透视构图可大致分为单边透视和双边透视两种。单边透视是指视频画面中只有一边带有由近及远的延伸感的线条，如图 3-52 所示；双边透视则是指视频画面两边都带有由近及远的延伸感的线条，如图 3-53 所示。

图 3-52

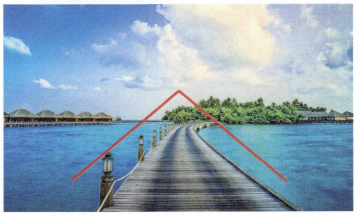

图 3-53

在视频拍摄中使用透视构图可以增强视频画面的立体感,而且透视本身就有近大远小的规律,视频画面中近大远小的事物组成的线条或者本身具有的线条能让观众沿着线条的指向去看,有引导观众视线的作用。

7.景深构图

景深是指当镜头中的某一物体聚焦清晰时,从该物体前面到其后面的某一段距离内的所有景物也都是相当清晰的,而其他的地方则是模糊(虚化)的效果,如图3-54 所示。

图 3-54

如今,在很多智能手机的视频拍摄功能中,用户都可以自由调节视频拍摄的光圈大小。在调整光圈时要注意,一旦光圈设置得过大,可能会影响镜头的成像效果,视频画面会显得不够锐利,通常将光圈数值设置为 F5.6 ~ F8 即可。大家在拍摄视频时也可以多调整、多试拍,找到合适的光圈数值。

8.九宫格构图

九宫格构图又被称为井字形构图,是拍摄中比较重要且常见的一种构图技巧。使用九宫格构图拍摄视频,就是把画面当作一个有边框的区域,把上、下、左、右 4 条边都分成 3 等份,然后用 4 条直线把这些三等分点对应地连接起来,形成一个"井"字,这 4 条直线相交的点为画面的"趣味中心",将主体放在"趣味中心"上进行拍摄,就是使用了九宫格构图。图 3-55 所示的画面就是比较典型的九宫格构图,作为主体的帆船被放在了"趣味中心"上,整个画面看上去富有层次感。

图 3-55

使用九宫格构图的画面中包含4个"趣味中心",将视频拍摄主体放置在"趣味中心"上时,其位置偏离画面中心,在营造视频空间感的同时,又能很好地突出视频拍摄主体,因此,九宫格构图是一种十分实用的构图技巧。此外,使用九宫格构图拍摄视频,能够使视频画面相对均衡,拍摄出来的视频也比较自然和生动。

九宫格构图的适用范围较广,非常适用于日常拍摄。只要不是对画面有特殊要求,或者背景过于杂乱、人物与背景关系不明显的,建议在拍摄时都尽量使用九宫格构图。

9.黄金分割构图

黄金分割构图是影视拍摄中应用得非常广泛的构图技巧。当主体在画面中所处的位置符合黄金分割定律时,画面会呈现和谐的美感。

在视频拍摄中,黄金分割点可以表现为画面的对角线与它的某条垂线的交点,我们可以用线段来表现视频画面的黄金比例,对角线与其过相对顶点的垂线的交点,即垂足,就是黄金分割点,如图 3-56 所示。

除此之外,还有一种特殊的表达方法,即黄金螺旋线。黄金螺旋线也称"斐波那契螺旋线",是根据斐波那契数列画出来的具有黄金比例美感的螺旋线,如图 3-57 所示。

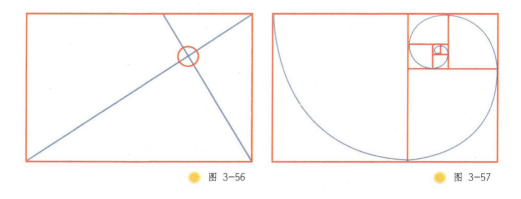

图 3-56　　　　　　　　　　　　　　　图 3-57

通过黄金分割构图，我们可以在突出视频拍摄主体的同时，使观众在视觉上感到十分舒适，从而产生美的感受。图 3-58 所示为黄金分割构图的拍摄画面。

图 3-58

第 4 章
怎么去拍摄一条好的 Vlog

知道了什么是 Vlog、拍摄 Vlog 需要提前了解的内容及拍摄前的准备,那么怎样拍摄一条好的 Vlog 呢?本章将为大家具体介绍。

4.1 到底怎么拍

虽然已经知道了什么是Vlog、拍摄Vlog需要提前了解的内容及拍摄前的准备，但是对于大多数新人来说，还会有一个共同的困扰，即怎样才能拍出一条好的Vlog。本节将从拍摄Vlog的正确方式和Vlogger应了解的Vlog理论两个方面具体介绍。

4.1.1 拍摄Vlog的正确方式

要想拍出一条优秀的Vlog，一定要有优质的内容，内容是决定Vlog播放量的关键因素。有些人在拍摄Vlog时为了追求好的观感，会添加一些酷炫的剪辑技法、遮罩、特效等，却容易造成过犹不及的效果。在制作Vlog前，要弄清楚Vlog和其他类型视频的区别，这样在录制Vlog的时候也可以避免拍摄太多的无用素材而给后期剪辑增加负担。

Vlog是视频的一种呈现手法，介于纪录片和短视频之间。比起纪录片，Vlog更有趣、更有人情味；而相对于短视频，Vlog又有一些不同之处。如图4-1所示，Vlog不等于具有酷炫剪辑技法、遮罩的快节奏旅拍大片，也不等于棚内拍摄的一些试吃、开箱、教学视频，更不是在视频中抛"梗"、抛段子的搞笑幽默短片，它与搞笑类型的短视频是有着本质区别的。

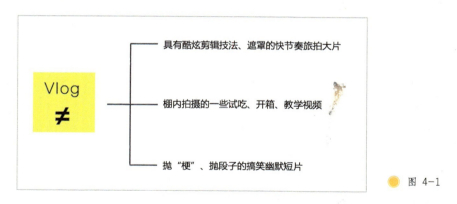

图 4-1

举个例子，图4-2所示为笔者拍摄的一个以"夜雨成都"为主题的视频中的画面，这个视频由很多慢镜头组成，但是前后并没有连贯起来。这样的旅拍视频就不是Vlog，因为它并没有向观众描述一个完整的事件，但是它可以成为Vlog的一个组成部分。在Vlog中加入一些慢镜头，能够让画面变得更唯美。

第 4 章 怎么去拍摄一条好的 Vlog

图 4-2

再举个例子，一段较为完整的试吃、开箱视频也不能称为 Vlog。图 4-3 所示为 B 站上一个 UP 主拍摄的试吃视频的截图。整个视频的时长为 3 分 26 秒，该视频记录的是该 UP 主用芥末就着芥末味花生豆吃的过程。这个视频只记录了一件事，即试吃，没有其他事件的描述，所以这样的视频只是试吃类视频，而不是 Vlog，但是这类视频同样可以成为一条 Vlog 的组成部分。

图 4-3

以上两个例子即为拍摄 Vlog 的错误案例，是新手在拍摄 Vlog 时一定要注意避免的。那么一条完整的 Vlog 应该怎样拍摄呢？本书第 2 章中有详细的案例，在此不再赘述。

4.1.2 由希区柯克的理论衍生出的Vlog理论

希区柯克被誉为"悬疑大师"，他提出过的很多理论和想法都被广大电影人所采纳和使用。笔者受希区柯克提出过的一些理论的启发，也提出了一些 Vlog 理论，如图 4-4 所示。接下来从这两点展开详细论述。

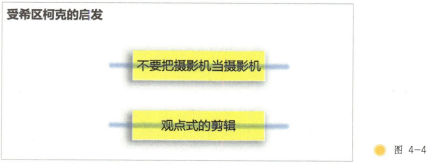

图 4-4

1.不要把摄影机当摄影机

希区柯克提出过"不要让观众感知到摄影机的存在",即图 4-4 所示第一点"不要把摄影机当摄影机"。如果让观众感知到摄影机的存在,电影所营造的故事沉浸感则可能被打破,从而导致观众无法把自己代入其中,这样一来,观众的观影感就会大打折扣。

但是将这个理论应用在 Vlog 中时,逻辑却恰好相反。试想,我们在拍摄 Vlog 时,如果不让观众感知到摄影机的存在,是不是反而会大大降低整条 Vlog 的真实感?事实上,观众会觉得虽然你用了很多高级的拍摄手法,让人眼前一亮,但整个 Vlog 的真实感会大打折扣,就像图 4-2 所示的例子一样,这样的视频无法构成一条完整的 Vlog,或者说不是真正的 Vlog。因此,在 Vlog 领域,偶尔添加一个"穿帮"镜头或幕后镜头,反而更能让观众沉浸其中。

举个例子,芒果 TV 热播的综艺节目《乘风破浪的姐姐》里也运用了一些 Vlog 的拍摄手法。在第一期节目中,我们可以看到参加综艺的"姐姐们"对着镜头打板和整理自己仪容的一些镜头和画面,这些镜头和画面不仅提升了节目的真实感,还在无形中拉近了"姐姐们"和观众之间的距离。

仔细回想,在 Vlog 的视频呈现手法还没有流行起来时,大部分真人秀综艺都没有"穿帮"镜头或幕后镜头;Vlog 开始流行之后,观众慢慢开始接受并且喜欢上有幕后镜头的视频效果。对于真人秀来说,这种呈现手法会使节目效果更好。

由希区柯克的理论或观点——不要把摄影机当摄影机,可以衍生出相反的观点,即让观众感知到摄影机的存在,从而提升整条 Vlog 的真实感,大胆地展现各种"穿帮"镜头,给予观众一种沉浸式的体验。

2.观点式的剪辑

希区柯克还提到过"观点式的剪辑",在了解观点式的剪辑之前,需要先了解蒙太奇。蒙太奇是有含义的人为拼贴剪辑时空的手法,包括画面剪辑和画面合成两个方面。当不同的镜头拼接在一起的时候,会产生各个镜头单独存在时所不具有的含义。通俗来说,就是将许多不同距离、不同角度的镜头进行排列组合,使其构成一个前后连贯、内容完整的视频。

了解了蒙太奇的概念,相信大家对观点式的剪辑也有了一定的理解。下面举例说明。

把以下A、B、C 3个画面以不同的次序连接起来，就会呈现出不同的内容与含义。

A：一个人在笑。B：一把手枪指着这个人。C：这个人的脸上露出惊惧的表情。

这3个特写镜头，会给观众留下什么样的印象呢？

如果以A—B—C的次序连接，会使观众感到那个人是个懦夫、胆小鬼。然而，画面不变，我们只要把上述画面的顺序改变一下，就会得出与此相反的结论。

C：一个人的脸上露出惊惧的表情。B：一把手枪指着这个人。A：这个人在笑。

以C—B—A的次序连接，则这个人的脸上露出了惊惧的表情，因为有一把手枪指着他。可是，当他考虑了一下，觉得这没有什么了不起的，于是，他笑了。因此，他给观众的印象是一个勇敢的人。

这3个画面单独来看是不具备实质性含义的，但是通过剪辑和组合，就会让观众产生更多的联想。那么在Vlog领域是否适合进行观点式的剪辑呢？不难看出，观点式的剪辑确实会让内容整体看起来更为流畅和"高大上"，这本没有什么不好，但是如果你想拍出一个让观众感受到真实的Vlog，或者你是一个想要给观众提供沉浸式体验的Vlogger，那么不建议你使用观点式的剪辑，而应使用"一镜到底"的拍摄手法。

以上两点即笔者受希区柯克的理论启发而提出的Vlog理论，希望能够给读者带来一些启发，让读者在拍摄Vlog时能有更多灵感。

4.2 关于失真

失真，指的是一切脱离现实的呈现和艺术加工。失真可以给观众带来一种视觉上和感知上的升华，对于某些特定内容，精准的失真可以让整个内容变得更具娱乐性和观赏性。也就是说，合理的失真能让观众接受不合理的地方。本节将从失真这个角度为大家阐释Vlog。

4.2.1 Vlog需要失真吗

了解了什么是失真之后，我们思考一个问题：在Vlog中需要用到失真吗？毫无疑问，我们在拍摄、剪辑 Vlog 时，如果能合理地利用一些剪辑手法，会给作品加分不少。比如一条带有主题的 Vlog，加入失真会提高这条 Vlog 的可看性；但如果是日志式的 Vlog，加入失真反而会让这条 Vlog 显得臃肿与浮夸。如图 4-5 所示，这条以"带大家探秘中央电视台的节目录制现场"为主题的 Vlog 就属于日志式的 Vlog。

图 4-5

4.2.2 如何做到精准失真

每部电影、每部电视剧、每条 Vlog 都有一个合理的失真区间，一旦超出这个区间，就有可能让失真变成失误，即错误失真。因此 Vlogger 在实际拍摄中，要注意掌握好"度"。

举个例子，一部电影中有一个描述车祸的镜头，在这个镜头中，主人公被汽车撞飞。导演原本想要表现的是一个悲剧镜头，却因为主人公悬在半空中的时间过长，导致画面由悲伤变为搞笑，这就是错误失真的案例，如图 4-6 所示。

图 4-6

那么精确失真应该如何表达呢？主要遵循"真实为主，失真为辅"的原则，如图 4-7 所示。也就是说，在运用一些失真的拍摄手法时，必须要保持整条 Vlog 的真实性。

图 4-7

举个例子，电影《黑客帝国》中的男主角在躲避子弹时，导演运用了高速摄像机拍摄的慢镜头和特效，让观众能看清男主角是如何躲避所有子弹的，如图 4-8 所示。作为观众，我们并不会因为能看清楚男主角躲避子弹的过程而感到出戏，这反而加深了我们的沉浸感，因为在现实生活中，我们是看不见子弹的。这就是精准失真所带来的效果。

图 4-8

除了在视频中通过高速摄像机拍摄的慢镜头或特效达到精准失真的效果之外，音乐剧中的人物在表演或对话时会突然高歌，也属于精准失真的一种表现形式。正因为角色在对话时唱起了歌，观众才能更好地理解人物当下的情绪。

4.3 如何突出Vlog的主题

前面的章节提到过如何确定 Vlog 的主题及风格，本节将会为大家深入讲解没有主题的 Vlog 和有主题的 Vlog 到底有什么差距。

4.3.1 主题的重要性

如果你想通过 Vlog 讲好一个故事，应该怎样切入主题呢？首先，主题可分为很多种类型，但为 Vlog 确定一个主题是为了将自己的世界观、人生观、价值观快速传递给观众。

比起平铺直叙的记录，观众更愿意通过视觉、比喻或者隐喻，非直接性地接收你想要传达的信息。这也是有主题的 Vlog 虽然观赏性更强，但是整体的真诚度不高的原因。

举个例子，你想通过 Vlog 表达自家小区特别脏乱，如果以一个与其相关的主题为切入点进行表达，那么这条 Vlog 应该会具有很强的观赏性；如果你用平铺直叙的方式讲述自己家的小区特别脏乱，Vlog 的观赏性可能会降低，但观众会认为你的 Vlog 具备真实感，从而选择听你吐槽，将你的 Vlog 看完。

说了这么多，那么到底应该选择怎样的方式切入主题呢？答案是不同的人可以根据自身情况进行不同的选择。有主题的 Vlog 更适合 Vlog 内容创作者；没有主题的 Vlog 则更适合不需要以 Vlog 为生的"素人"，或者已经有了一定知名度的人士，抑或是特定行业的从业者，因为这类人群通过平铺直叙的方式表达出来的内容反而会更吸引人，且更接地气、更具真诚感。

Vlog 衍生出了诸多垂直领域，Vlogger 可以根据不同的垂直领域创作出无数个主题，这些主题的灵感都源自生活。生活为我们提供了源源不断的素材和灵感，而且越是贴近真实生活的主题，对于创作 Vlog 来说越好。如果你对自己的生活非常了解，那么在创作时就不会没有灵感。

4.3.2 拒绝平淡，突出细节

我们在创作 Vlog 时，为了避免内容过于平淡，可以通过一些拍摄手法突出 Vlog 中的一些内容，使整个视频品质更高。

以笔者的"广州花街大起底，现在的花街和以前有什么区别？"这条 Vlog 为例，在这条 Vlog 的开头，笔者以一个固定的镜头开场，如图 4-9 所示。这个镜头烘托了花街的气氛。值得注意的是，在一条 Vlog 中一个画面停留不要超过 10 秒。

图 4-9

接着，笔者用延时镜头生动地展示了花街的人流，如图 4-10 所示；利用慢镜头和遮罩突出了人们在逛花街时的各种状态，如图 4-11 所示。

图 4-10

● 图 4-11

总之,我们在创作 Vlog 时,要通过细节的延伸制造能够吸引观众的情节或者故事,以此来加深观众对 Vlog 中的观点、中心思想或态度的理解或认同。

4.4 如何让Vlog变得更加出彩

对于 Vlog 而言,其运营的主体还是内容,即要打造差异化的内容和吸引人的内容,进而赢得用户的关注。因此,在了解了一些 Vlog 的拍摄技巧之后,还有一些技巧能让 Vlog 变得更加出彩,即在封面、标题、字体等 3 个方面下功夫。

4.4.1 封面设置

纵观播放量高的优质 Vlog，它们都有几个共同的特点：充分体现了交互性，突出了文字；把握好了尺寸和比例，图片不违规；风格统一，彰显形象等。一个好的封面设计能让用户在快速浏览时停下来观看你的视频。

在设计封面时应设置一个怎样的定格画面？如何在封面的基础上为视频增添色彩？这些都是一个合格的创作者应该弄清楚的问题。接下来将为大家介绍应该如何设置视频封面。

1. 整齐统一

封面是对一个视频的核心内容的直接呈现。以西瓜视频和 B 站为例，西瓜视频中 Vlog 的封面大多为视频截图加上标题，如图 4-12 所示；而在 B 站中，大部分 Vlogger 都为自己的视频设计了封面，如图 4-13 所示。

● 图 4-12

第 4 章 怎么去拍摄一条好的 Vlog

图 4-13

虽然可以截取视频中的任意画面作为 Vlog 的封面，但如果我们每次发布的 Vlog 的主题都不同，就会导致视频的整体风格不统一，而且我们不能保证每一条 Vlog 都有一个适合当封面的镜头，所以建议大家制作一张封面图，并让它在视频开头停留 0.5 秒，这样既不影响用户观看视频，又可以保持 Vlog 风格的统一。

图 4-14 所示为两个 B 站中的 Vlogger 的视频封面，图中的两个 Vlogger 都设置了整齐统一的封面图片，看起来比较和谐、一目了然，还能增强内容的表达，用户通过封面就能感受到 Vlogger 的风格。

图 4-14

2.没有水印

在 Vlog 中不要使用带有他人水印的封面照片，否则无疑是对其他视频创作者版权的侵害，这属于一种违法行为。即便是没有水印的图片也应在使用前获得许可。因此，我们在制作 Vlog 封面时要谨慎选用图片，注重原创和真实性，不侵犯他人的版权。

对于想要打造个人 IP 的 Vlogger 来说，使用有自己形象的图片作为封面是再好不过的，这样既保证了原创性，又保证了真实性，还有利于用户认识你。

3. 清晰度高

清晰度不够高的封面图片会让用户感到不舒适，降低用户对视频的期待程度。

4. 简单明了

封面图片上元素的多少能够决定封面图片的优劣。元素过多会影响图片的整体表达，在视觉上也会让用户觉得杂乱、没有重点。对于 Vlogger 来说，应该尽量选择元素大小适中、简单明了的封面。大小适中、比例协调、谨守规则的封面可以瞬间提升内容的质感，衬托视频整体的格调。

4.4.2 标题设置

除了封面，标题也是决定视频是否能够吸引用户观看的关键因素。无论视频内容的主题是什么，最终目的都是要吸引用户观看、评论、点赞和关注。一个标题的优劣，往往能够决定这个视频的打开率高低，所以打造一个有吸引力的标题是很有必要的。

1. 标题设置原则

Vlog 的标题一般会位于封面图片中，它的价值在于引起用户的观看兴趣。在创作一个有价值的标题之前，我们首先需要充分了解 Vlog 的标题设置有哪些基本原则。

（1）简洁明了

Vlog 的标题应当设置得尽量简洁。与抖音、快手等平台上发布的短视频不同的是，Vlog 大多采用的是 PC 端宽屏设计，力求用简洁明了的文字体现内容。要想使标题直观地传达信息，语言就必须通俗简洁，过多的文字会让用户失去耐心。简洁明了的标题更能显示出 Vlogger 高超的文字概括能力。

（2）体现价值

标题需要依靠简短的文字传达准确有效的信息，这才是标题的真正价值。在碎片化阅读成为大多数人阅读习惯的前提下，标题便成了用户筛选视频的依据，越来越多的用户在观看视频时会带有功利的心态。

简单来说,用户通过看标题就能够明白观看这个视频能了解到什么样的内容、获取到什么样的信息、满足什么样的需求。这都需要依靠标题来直观地呈现给用户。

（3）贴合事实

在新媒体行业发展的过程中涌现出一类特别的文案,写这类文案的人被称作"标题党"。这类文案的特点在于它们的内容通常与标题完全无关或联系不大,完全靠过分夸张的标题去博人眼球。

"标题党"的行为会使用户错过真正有价值的信息。部分标题中还存在一些违规字眼,污染行业生态。Vlog 强调真实性,标题也需要贴合事实,Vlogger 应避免成为"标题党"。

2.标题的类型

了解了设置标题的基本原则,下面将从 5 个方面详细分析如何打造吸睛标题。

（1）三段式标题

三段式标题指的是通过一定的逻辑关系,利用多个具有独立含义的短句组成一个长标题。在三段式标题的实际运用中,标题不一定是 3 段,只要逻辑成立,利于读者理解,也可以分为 2 段、4 段,甚至是 5 段。

三段式标题最大的优势在于它有利于用户快速理解其主要内容,也就是通过这样的标题,能将"关键要素"传递给用户,引起用户的兴趣。

图 4-15 所示的"别墅泳池,欢乐烤肉 party——公司团建 Vlog"就是三段式标题。

图 4-15

再如，图4-16所示的"Vlog.一天工作9小时，一周工作6天，月薪不过万，如何提升幸福感？"就由4段组成。

图 4-16

（2）数字突出式标题

我们在撰写标题时，合理利用醒目的数字突出标题内容，能够有效地吸引用户的注意并冲击其视觉。具体来说，在标题中可以用数量来表示的内容有很多，比如人、金钱、食物的多少，再如在数字后加上"秒""分""天""月""年"等来表示时间，以及利用数字来表示倍数和占比等。

不管在何处使用数字，数字都可以且应该传达真实、准确的信息。在标题中加入数字，能够增强这个视频及其创作者的说服力，更加直观地表达视频的中心内容。

数字突出式标题的撰写方法也很简单，它属于一种概括性标题，创作者只需做到3点就能撰写出来。

① 从视频内容中提炼数字作为标题。

② 通过数字对比，设置冲突或悬念。

③ 按照视频的逻辑结构撰写数字突出式标题。

第 4 章 怎么去拍摄一条好的 Vlog

图 4-17 为在标题中加入数字的案例。

图 4-17

（3）热点话题法

在撰写标题时，适当借势于热点、名人、流行趋势等可以提高 Vlog 的传播速度。所以，我们在撰写标题时一定要学会借势。而借势也有很多种"借"法，可以借势"热点"、借势"流行"、借势"名人"、借势"大咖"、整合热点的相关资料等。图 4-18 所示为笔者借势于名人而撰写的标题。

图 4-18

103

（4）引发好奇式标题

好奇心是人的天性，引发好奇式的标题就是要借用户的好奇心理将用户牢牢吸引住，让用户在寻求答案的过程中产生无尽的兴趣。

在 Vlog 的标题中使用带有悬念的标题往往能引发用户思考，让用户带着疑问和好奇心观看视频，然后再引导用户探寻问题的最终答案。这样一来，用户更容易对视频中的观点和论据产生认同，还能引起用户之间对于相关话题的讨论，视频的热度也会随之上升。图 4-19 所示为引发好奇式的标题。

图 4-19

（5）寓意式标题

寓意式标题主要是利用比喻、拟人、对偶、谐音、用典等手法，为标题增添内涵，加深用户对标题的印象。但值得注意的是，这种标题并非随意设置，需要注意一定的方法。比如，引用典故时，需要选择与视频内容相匹配、有关联的典故，不能生搬硬套。

4.4.3 字体设置

字体是整个封面的点睛之笔，用对了字体，整个封面看上去就会更具特色。但是字体并不可以随意使用，如果使用了有版权的字体，会被追责罚款。某知名 UP 主就曾因违规使用了有版权的字体，被追责罚款。

由此可见，我们在对字体进行设置时，要注意自己所使用的字体是否为免费字体或是否拥有版权。除此之外，字体是文字外在的形式特征，是文字设计中的重要一环，不同的字体呈现的视觉效果不同，给用户带来的感受也不相同。

在选择 Vlog 封面的字体时，要重视字体给用户带来的观感，下面列举了几种中文字体和英文字体，通过对比，读者可以体会字体给人带来的观感差异。图 4-20 所示为较常用的几种中文字体，图片上的文字仅字体有所差别，颜色和字号均是相同的。

图 4-20　宋体　楷体　隶书　黑体

经过观察不难发现，相同字号下字体的不同会导致文字大小略有不同。另外，在文字的笔画上也有所差别。这几种字体各有特色：宋体是我国常用的一种印刷字体，特点是横轻竖重，字形端正；楷体笔锋错落有致，古朴秀美，典雅端庄；隶书字体扁平，整体字势向左右舒展，棱角圆润，笔画间有明显的粗细变化；黑体笔画粗壮，横竖匀称，笔画比宋体、楷体略粗，文字突出醒目。

除了中文字体，英文的字体样式也有考究，这里简单介绍一些英文字体及其带给人观感上的差异。

Centaur（半人马）：Centaur 属于罗马字体中的一种，具有浓厚的历史气息，特点是字母的衬线成倾斜的角度，如图 4-21 所示。

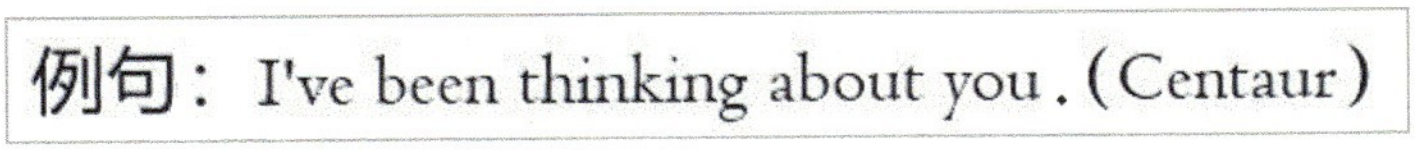

图 4-21　例句：I've been thinking about you.（Centaur）

Franklin Gothic（富兰克林哥特）：在无衬线字体中，Franklin Gothic 具有非常高的人气，它以夸张怪诞的粗犷字体示人，给人很强的视觉冲击力，是一种强硬而醒目的字体。图 4-22 是 Franklin Gothic 字体衍生的不同字体。

例句

I've been thinking about you.（Franklin Gothic Medium）

I've been thinking about you.（Franklin Gothic Cond）

I've been thinking about you.（Franklin Gothic Heavy）

● 图 4-22

手写体：手写体涵盖的范围十分广泛，五花八门的手写体各成一派，各种手写体都拥有各自的特色，手写体花样多变、风格各异，能够适应各种各样的文案风格。

我们在制作封面文字时，字体一定要清晰醒目，这样才能吸引用户的注意力。图4-23为B站中一些播放量较高的Vlog封面截图，由图中不难看出，不同的字体和颜色所产生的视觉效果不尽相同。

● 图 4-23

第 5 章
手机剪辑技巧

本章以 VUE Vlog 和剪映这两款热门的适合剪辑视频的 App 为例,为大家简要讲解和演示用手机剪辑 Vlog 的各项基本操作和特色。大家也可以根据自己的喜好选择适合自己的 App,然后进行 Vlog 的剪辑工作。

5.1 VUE Vlog——分享真实的你

VUE 是手机端的一款 Vlog 社区与编辑工具，支持 iOS 和 Android 平台。随着手机像素越来越高，越来越多的人开始使用手机拍照和摄像。虽然摄像的门槛比拍照更高，但视频可传递的信息量却远远大于照片。VUE 就在这样的背景下诞生了，创始人希望能帮助用户使用手机拍摄出精美的视频。

VUE 于 2016 年发布。2018 年，VUE 3.0 版本发布，正式升级为 VUE Vlog，成为 Vlog 社区。到 2019 年，VUE Vlog 的总安装量突破 1 亿次，它在超过 100 个国家或地区的 App Store 首页上获得推荐。本节将为大家具体介绍 VUE Vlog 的特色。

5.1.1 界面

在短视频同质化现象越来越严重的环境下，越来越多的人喜欢上了 Vlog，并开始尝试拍摄自己的 Vlog。作为平台和 Vlog 剪辑工具，VUE Vlog 希望帮助用户看到更多的优秀 Vlog 作品，让用户也可以制作自己的专属 Vlog，分享自己的生活。

1. "首页"页面

VUE Vlog 是一个兼具视频剪辑和视频分享功能的 App。经过数年的发展，VUE Vlog 聚集了很多优秀的 Vlogger，他们在这个平台上分享自己精心制作的 Vlog 及自己的生活，结交朋友。VUE Vlog 的界面整体清晰明了，功能也越来越丰富、全面，"首页"页面包括"关注""推荐""学院"等 3 栏，以及消息提醒、搜索栏等功能。在"推荐"一栏中，下滑页面即可看到其他的视频及官方推荐关注的 Vlogger，每一条视频都包含视频创作者、视频、视频描述（全文/收起）、评论框、点赞及送礼按钮等，如图 5-1 所示。

在 VUE Vlog 中，无论是在 App 首页还是视频创作者的主页，都可以对视频进行点赞，这样不仅可以将自己感兴趣的内容保存起来，还能给视频创作者带来额外的流量。

除了点赞之外，还可以对视频进行评论。评论作为一种交流手段，不仅搭建起了创作者与粉丝、好友之间沟通的桥梁，还创建了粉丝群体的共同社区。

在"首页"页面中的"关注"一栏，用户关注过的所有 Vlogger 发的动态将会显

第 5 章 手机剪辑技巧

图 5-1

示在这个页面中,每一条视频都包含视频创作者、视频、视频描述(全文/收起)、评论框、点赞及送礼按钮等,如图 5-2 所示。

图 5-2

除了"关注"栏和"推荐"栏,"首页"页面中还有一栏为"学院",在这一栏中,VUE Vlog 官方账号会发布一些拍摄 Vlog 的干货教程,特别是对于新人来说,是一个不错的免费学习 Vlog 相关知识的社区,如图 5-3 所示。

109

图 5-3

一些国内知名的 Vlogger 都入驻了 VUE Vlog 平台。Vlogger 在这里除了可以发布自己的作品进行分享之外，看到喜欢的视频，还可以点赞、评论，给视频作者以鼓励，说不定还可以交到志同道合的朋友。

2."Vloggers"页面

在"Vloggers"页面中，系统会给用户推荐一些优秀的 Vlogger，并且分为 3 栏："全部""附近""同好"。用户在该页面可以快速找到同城或者同频道的人气 Vlogger，如图 5-4 所示。如果发现趣味相投或欣赏的 Vlogger，可以直接点击进入其主页并关注。

图 5-4

3. "频道"页面

接下来是"频道"页面,这个页面中也有两栏,即"频道"和"专题",如图 5-5 所示。在这个页面中,用户可以加入与自己相关的垂直频道或专题。

图 5-5

用户可以在"频道"和"专题"栏中选择加入某个频道或者查看某个热门专题并投稿,如图 5-6 所示。

图 5-6

111

4. "我的"页面

最后为"我的"页面,"关注者""已关注""视频""频道""比心"等内容都能在此处找到,如图 5-7 所示。点击右上角的"设置"按钮 ⚙,还可以进行一些相关设置,如图 5-8 所示。点击头像,可以对头像、"昵称""VUE 号""性别""年龄""星座""所在地""职业""兴趣""简介"等内容进行修改,如图 5-9 所示。

图 5-7

图 5-8

图 5-9

5.1.2 剪辑

对 VUE Vlog 的界面有了基本的了解之后,就可以发布动态了。在发布之前有哪些注意事项呢?接下来将具体介绍相关步骤。

① 点击 VUE Vlog 首页的 📷 按钮,如图 5-10 所示。

图 5-10

② 进入该页面后,可以选择"剪辑""拍摄""智能剪辑""主题模板"等,如果在创作过程中中途退出,编辑中的视频会自动保存至"草稿箱",如图 5-11 所示。

③ 选择"剪辑",在相册中选择要发布的视频,然后点击"导入"按钮,如图5-12所示。在添加素材界面中,可以同时选择几组素材,一次性导入。

图 5-11

图 5-12

④ 选择视频后,可以对视频进行简单编辑,如图 5-13 所示。

通过"视频编辑"界面中的功能按钮,我们能对视频进行更多的编辑操作,使其效果更加生动。编辑界面中各功能按钮的具体介绍和效果如下。

图 5-13

边框 ▢：该按钮用于在视频中添加边框。用户可以选择喜欢的边框制作出与原视频不一样的效果。图 5-14 为使用边框后的效果示例。

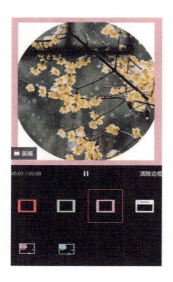
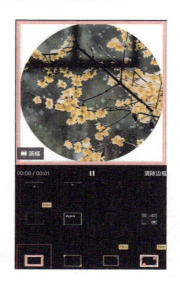

● 图 5-14

贴纸 ☺：该按钮用于在视频中添加贴纸图案。VUE Vlog 中有很多不同主题的贴纸，添加之后能让 Vlog 看起来更加有趣、高级。用户可以将喜欢的贴纸放在视频中的任意位置，也可以对贴纸的大小进行编辑，如图 5-15 所示。

● 图 5-15

文字 ：该按钮用于在视频中添加"大字""时间地点""标签""字幕"，如图 5-16 所示。用户输入文字后可将其放在视频中的任意位置，还可以选择不同的字体和大小。图 5-17 为添加某"大字"格式后的效果。

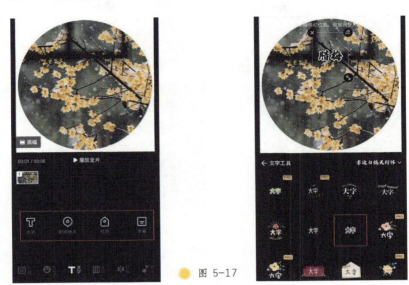

图 5-16　　　　　　　　　图 5-17

分段 ：在"分段"功能中，有很多按钮，比如"静音""截取""速度""切割""删除"等，如图 5-18 所示。点击对应的按钮即可进行相关操作，操作方法都比较简单，在此不再赘述。值得一提的是，VUE Vlog 中的滤镜是一大特色。图 5-19 所示为分别应用了 CT2 和 L2 滤镜的效果。

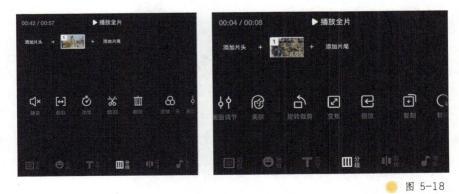

图 5-18

● 图 5-19

剪辑 :VUE Vlog 对于用户发布的视频的时长是有限制的,超过限制的部分会被系统直接裁剪掉。在不改变素材片段播放速度的前提下,如果对素材片段的长度不满意,用户可以通过拖动素材裁剪框的前端和后端来调整素材片段的长度;如果不想删减视频的内容,还可以使用"速度"加快视频的播放速度,缩短时长,如图 5-20 所示。

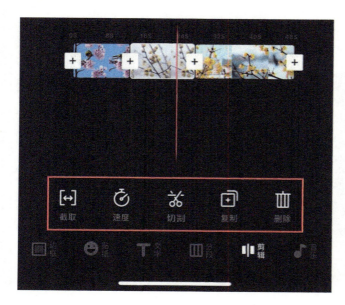

● 图 5-20

音乐 ♪：在 VUE Vlog 中，用户可以通过该按钮为自己的 Vlog 添加背景音乐或录音，如图 5-21 所示。

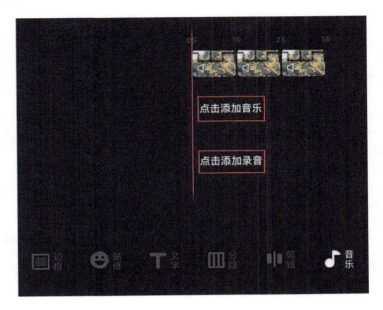

图 5-21

用户可以选择平台推荐的音乐，也可以从其他途径导入音乐，如图 5-22 所示。在后期制作 Vlog 时，如果想要添加一些旁白，直接在 VUE Vlog 中添加录音，如图 5-23 所示。

图 5-22

图 5-23

117

⑤ 编辑好视频之后，点击"下一步"按钮，即可完成编辑，并进入发布页面，可以添加标题、视频描述、设置权限、投稿等，如图5-24所示。

图 5-24

以上即为 VUE Vlog 的相关介绍。VUE Vlog 拥有丰富的剪辑功能、好用的内置滤镜和画面色彩调节选项，以及丰富的背景音乐与贴纸。用户还可以在 VUE Vlog 中直接将编辑好的 Vlog 发布出去，其社交属性赋予了 Vlog 更多意义，对于新手而言，它是一款不错的 App。

5.2 剪映——轻而易剪

剪映是由抖音官方推出的一款手机视频编辑工具，也可以用于剪辑制作和发布 Vlog。这款 App 简单好用，新手也能快速上手，它拥有全面的剪辑功能，支持变速、多样滤镜效果，还拥有丰富的曲库资源。本节将为大家详细介绍这款 App 的功能和用法。

5.2.1 添加与删除

剪映的界面整体一目了然，功能也很丰富、全面。其首页包括"剪辑""剪同款""创作课堂""消息"和"我的"5栏。本小节将以iOS版本的剪映为例,向大家具体介绍使用剪映剪辑Vlog的方法。

首先要添加素材,在剪映中添加素材的方法很简单:创建项目后,在主界面中点击素材添加按钮 [+] ,如图5-25所示,即可进入素材添加界面。

在素材添加界面中,用户可以选择添加本地相册中的视频或照片,如图5-26所示;也可以切换至剪映内置的"素材库",在其中选择该App提供的照片、视频或素材,如图5-27所示。

图 5-25

图 5-26

图 5-27

在素材添加界面中,无论是选择添加本地相册中的视频或照片,还是选择添加剪映内置的"素材库"中的素材,都可以同时选择几组素材,一次性导入。

使用上述方法添加素材后，用户即可进入视频编辑界面，选择的素材会自动添加至时间轴，如图 5-28 所示。如果同时添加了多个素材，则素材会以拼接的形式分布在同一个图层，如图 5-29 所示。

图 5-28

图 5-29

如果需要在同一图层中继续添加其他素材，点击时间轴右侧的 按钮，即可打开素材添加界面，进行素材的选择和添加。

如果要将素材添加到不同的图层，可以在视频编辑界面下方的功能列表中点击"画中画"按钮，随后点击"新增画中画"按钮，如图 5-30 所示。

打开素材添加界面，在其中选择需要添加的素材。通过这一方法添加的素材会出现在原图层的上方，成为独立的一层，如图 5-31 所示。

图 5-30

图 5-31

用户在画面中通过双指拉伸或收缩素材画面，可以直接调整素材画面的大小，如图 5-32 所示。用双指拉伸画面，可以将该素材放大至填充整个画面，如图 5-33 所示。除了调整大小之外，用户也可以用手指拖动素材到画面中的任意位置。在剪映中，用户调整素材大小及位置的操作是非常方便快捷的。

图 5-32

图 5-33

在编辑过程中，如果对某个素材效果不满意，用户可以删除该素材。删除素材的方式有两种，第一种是点击 ⤺ 按钮，即可对上一步操作进行撤销，达到删除素材的效果；第二种是在视频编辑界面的底部点击"删除"按钮 ⌀ ，即可将选中的素材删除，如图 5-34 所示。

除此之外，第一种删除的方式也可以用于恢复误删的素材。在视频编辑软件中，用户一般都可以通过撤销操作恢复误删的素材。如果在剪映中误删素材，点击画面右下角的 ⤺ 按钮，即可回到上一步操作。

图 5-34

5.2.2 素材片段的剪辑与调整

在学习了素材的添加与删除后,笔者将继续带领大家学习素材片段的剪辑与调整,以帮助大家进一步掌握编辑 Vlog 的方法和技巧。

1. 素材片段长度

在不改变素材片段播放速度的前提下,如果对添加的素材片段的长度不满意,可以通过拖动素材裁剪框的前端和后端来实现对素材片段长度的调整。在时间轴中选中一段时长为 11 秒的视频片段,具体如图 5-35 所示。

向左拖动素材裁剪框的后端,可以将素材片段缩短,如图 5-36 所示;如果觉得素材片段过短,则可以向右拖动素材裁剪框的后端,将素材片段向后延长,如图 5-37 所示。这里需要注意的是,如果素材片段的后面没有内容,那就不能将素材片段继续向后延长。

图 5-35

图 5-36

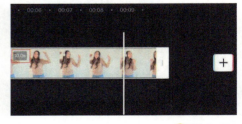

图 5-37

同样,向左拖动素材裁剪框的前端,可以将素材片段向前延长,如图 5-38 所示。这里需要注意的是,如果素材片段前面没有内容,那就不能将素材片段继续向前延长。如果觉得片段过长,则可以向右拖动素材裁剪框的前端,将素材片段缩短,如图 5-39 所示。

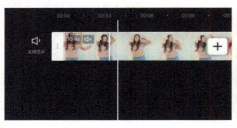

图 5-38

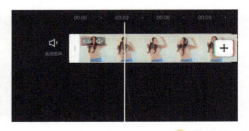

图 5-39

在操作的过程中，有些用户可能会遇到无法将导入的视频素材延长的情况，这是因为视频素材的延长操作是建立在原素材的长度基础上的。

简单来说，如果在剪映中导入一段时长为 5 秒的视频素材，那么用户可以在时间轴中对该视频素材自由地进行缩短和延长操作；但是在不改变播放速度的前提下，该视频素材的长度最多只能为 5 秒，不可能继续延长。而如果导入的是图像素材，那么其长度将不受限制。

2.播放速度

在制作 Vlog 时，灵活使用一些变速效果会令视频更加有趣。使用一些快节奏的音乐搭配快速镜头，会使整个画面显得动感十足，让观众不禁跟随画面和音乐摇摆；而使用一些轻音乐搭配慢速镜头，则会使整条 Vlog 的节奏变得舒缓，让人心情放松。

在剪映中，素材片段的播放速度是可以自由调节的，通过调节可以将素材片段的播放速度加快或者变慢。点击"剪辑"按钮 ✂，打开剪映的剪辑页面，随后点击"变速"按钮 ⊚，如图 5-40 所示。

图 5-40

在时间轴中选择一段素材片段，可以看到该素材片段的左上角显示的视频时长为 7 秒，播放速度为"1.5×"，如图 5-41 所示。

当素材片段处于选中状态时，在下方的功能列表中点击"变速"按钮 ⊚，然后拖动上方滑块即可调整素材片段的播放速度。如果需要加快素材片段的播放速度，则将滑块由初始位置向右拖动，可以看到素材片段的左上角显示的视频时长变为 2 秒，播放速度变为"5.0×"，

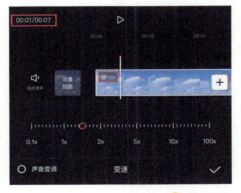

图 5-41

如图5-42所示,此时预览该素材片段会发现它的播放速度变快了。

如果需要调慢素材片段的播放速度,则将滑块由初始位置向左拖动,可以看到片段的左上角显示的视频时长变为49秒,播放速度变为"0.2×",如图5-43所示,此时预览该素材片段会发现它的播放速度变慢了。

在编辑视频时,可以调整精彩或刺激的素材片段的播放速度,并为其搭配合适的背景音乐,这样可以使整个视频更有层次、更加精彩。接下来将介绍具体步骤。

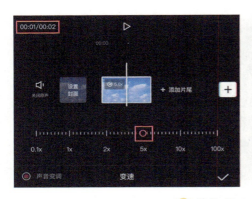
图 5-42

图 5-43

图 5-44

① 打开剪映,在主界面中点击素材添加按钮 ⊞ ,将相册中的视频素材导入剪映,如图 5-44 所示。

② 在时间轴中选中视频素材,点击"关闭原声"按钮 🔊 ,如图 5-45 所示,即可将视频中的音乐关闭。

③ 点击"音频"按钮 🎵 ,即可来到音频设置页面,点击"提取音乐"按钮 ▣ ,如图 5-46 所示。

第 5 章 手机剪辑技巧

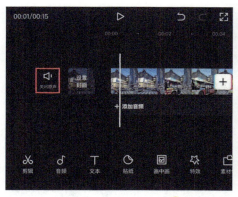

图 5-45

图 5-46

④ 在手机相册中选中要处理的视频，点击"仅导入视频的声音"按钮即可导入视频的声音，如图 5-47 所示。以上即为分离素材中视频和音频的步骤。

⑤ 选中视频素材，将时间线拖动至 4 秒的位置，在下方的功能列表中点击"分割"按钮 ，将素材进行分割，如图 5-48 所示。

⑥ 选中第二段视频素材，将时间线拖动至 10 秒的位置，在下方的功能列表中点击"分割"按钮 ，将素材进行分割，如图 5-49 所示。

图 5-47

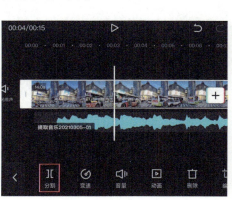

图 5-48

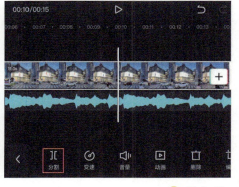

图 5-49

125

⑦ 此时时间轴中的素材被分割成了 3 段，选择第一段素材，在下方的功能列表中点击"变速"按钮 ⊘，如图 5-50 所示。将滑块由初始位置向左拖动，将速度调整为"0.6×"，如图 5-51 所示，使该段素材的播放速度变慢。

● 图 5-50

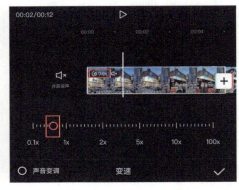

● 图 5-51

⑧ 在时间轴中选择第二段素材，在下方的功能列表中点击"变速"按钮 ⊘，将滑块由初始位置向右拖动，将速度调整为"1.5×"，如图 5-52 所示，使该段素材的播放速度变快。

⑨ 用同样的方法，将第三段素材的播放速度调整为"2.0×"，如图 5-53 所示。

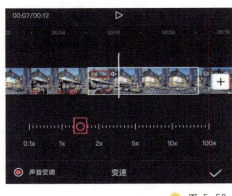

● 图 5-52

● 图 5-53

⑩ 至此，就初步完成了对该视频的剪辑和处理。之后可以将编辑好的视频导入视频号，再选择一段动感的背景音乐添加到视频中，并添加一些视频特效，最终画面效果如图 5-54 所示。

第 5 章 手机剪辑技巧

● 图 5-54

3.播放顺序

在编辑视频时，经常需要在一个视频项目中放入几段素材，然后对不同的素材片段进行分割和重组，从而制作出一个完整的视频。

当在同一图层中添加多段素材时，如果想调整其中两段素材的播放顺序，可以长按其中一段素材，将其拖动到另一段素材的前/后位置，即可改变两段素材的播放顺序，如图 5-55 所示。图 5-56 为重组素材之后的效果。

● 图 5-55

● 图 5-56

127

5.2.3 音频

在剪映中，编辑功能的旁边就是音频功能，市面上的大部分视频编辑 App 支持对音频的编辑和处理，操作方法也大致相同。接下来笔者就为大家具体演示和介绍在剪映中添加音频素材、调整音量、分割音频等基本操作。结合本节所学，大家还可以尝试使用其他 App 处理音频。

1.添加音频素材

在添加了背景素材的前提下，将时间线拖动至想要添加音频素材的时间点。在背景素材处于未选中的状态下，点击下方功能列表中的"音频"|"音乐"按钮 ，打开音乐素材库，在其中可选择"本地音乐"、剪映推荐的音乐、抖音收藏的音乐以及剪映提供的各类特殊音频效果，如图 5-57 所示。

选择所需要的音频后，将跳转至音频编辑界面，可以看到与音频设置相关的各项功能按钮。在背景素材的下方，会出现独立的蓝色音频素材图层，如图 5-58 所示。

图 5-57

图 5-58

音频编辑界面中各功能按钮的介绍如下。

- **音量** ：用于调整当前音频素材的音量。

- **淡化** ：用于设置音频素材的淡入和淡出效果。

- **分割** ：将时间线拖动至需要进行拆分的位置，点击该按钮即可将音频素材从当前位置一分为二；当时间线位于音频素材的开始或结尾位置时，该按钮不可用。

- **踩点** ⚑：踩点是指踩视频的节奏点，卡住音乐的重音节奏点去填补画面，让视频的音画同步，使画面随着音乐的节奏变换；在剪映中，可以选择自动踩点和手动踩点两种方式，如图 5-59 所示。

- **删除** 🗑：点击该按钮，可将当前选中的音频素材删除。

- **变速** ⏱：用于设置当前音频素材的播放速度。

- **降噪** ：点击该按钮，剪映将自动对声音进行降噪处理，减少环境噪声。

- **复制** ：点击该按钮，可将当前选中的音频素材复制一份。

图 5-59

2.调整音量

在时间轴中选中音频素材，然后在下方的功能列表中可以看到"音量"按钮 🔊，如图 5-60 所示。点击"音量"按钮 🔊，可以通过左右拖动音量条上的滑块调整音频素材的音量大小，如图 5-61 所示。

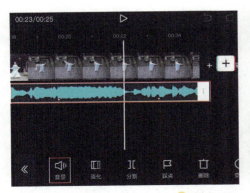

图 5-60

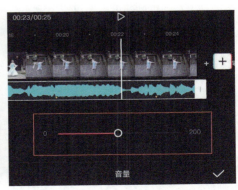

图 5-61

3.分割音频

当音频素材处于选中状态时,将时间线拖动至需要进行分割的位置,然后在下方的功能列表中点击"分割"按钮 ,如图 5-62 所示,即可将音频素材在当前位置进行分割,如图 5-63 所示。需要注意的是,当时间线位于音频素材的开始或结尾位置时,该按钮不可使用。

图 5-62

图 5-63

4.音频的淡化

对于一些没有前奏和尾声的音乐,在素材的前后添加淡化效果,可以有效避免音乐进出场时的突兀感;而在两个音频之间添加淡化效果,则可以令音频之间的过渡更加自然。

在时间轴中选中音频素材,在下方的功能列表中点击"淡化"按钮 ,如图 5-64 所示,可以展开淡化功能列表。在其中可以看到"淡入时长"和"淡出时长"两个选项,通过拖动滑块即可调整淡化的时长,如图 5-65 所示。

图 5-64

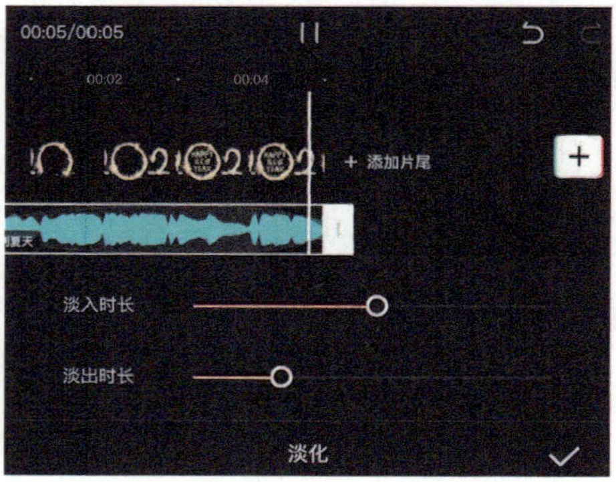

图 5-65

5.为视频录制旁白

添加了背景素材之后,将时间线拖到想要添加音频素材的时间点,然后在下方的功能列表中点击"录音"按钮 ,即可进入音频录制页面,如图 5-66 所示。

在音频录制页面长按"按住录音"按钮 ,可以开始旁白的录制。录制完成后,松开"按住录音"按钮 ,并点击 按钮即可停止录制。在背景素材的下方,会生成独立的旁白素材图层,如图 5-67 所示。

图 5-66

图 5-67

值得注意的是,在后期配音时,可能会由于口型对不上,或是因环境干扰而造成音效不自然。因此在为视频录制旁白时,一定要保持周围环境的安静,同时要避免产生回声,保证录制出来的声音既清晰又洪亮。大家可以结合本书第 3 章的内容,选择适合自己的收音设备。

5.2.4 文本

了解了音频的基本操作方法后,接下来要学习对文本的处理。剪映中有丰富的字幕素材,并能为文本添加效果,接下来将为大家具体介绍。

1.添加字幕素材

如果需要在剪映中为视频片段添加文本素材,可以通过点击下方功能列表中的"文本"按钮 ,如图 5-68 所示,打开相关功能列表,以创建文本素材图层。

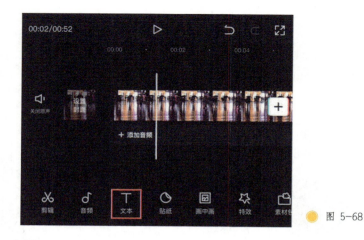

图 5-68

在添加了背景素材的前提下,将时间线拖动至想要添加素材的位置,然后在下方的功能列表中点击"新建文本"按钮 A+ ,如图 5-69 所示,即可进入文本编辑界面。在文本编辑界面中,可以看到与文本设置相关的各项功能按钮,比如"样式""花字""气泡""动画"按钮,画面中会出现默认文本,如图 5-70 所示。

在输入框中,可以对文本内容进行编辑和修改。调整好文本内容后,拖动画面中的文本素材,将其调整至适当位置,如图 5-71 所示。

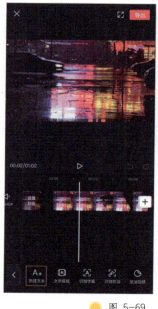

图 5-69

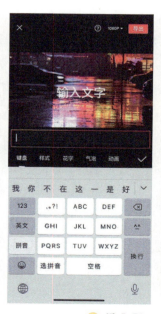

图 5-70

图 5-71

2.添加效果

掌握制作文本的具体操作步骤后，还可以通过文本功能列表中的其他功能按钮对文本进行更多的编辑操作，使其效果更加生动。文本功能列表中各功能按钮的介绍如下。

- **分割** ：将时间线拖动至需要进行拆分的位置，点击该按钮即可将文本素材从当前位置一分为二，如图5-72所示；当时间线位于文本素材的开始或结尾位置时，该功能按钮不可用。

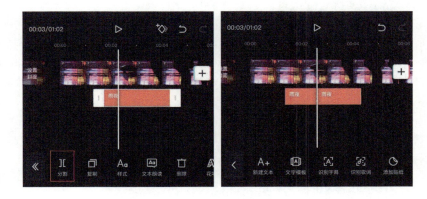

图 5-72

- **复制** ：点击该按钮，可将当前选中的文本素材复制一份，用户同样可以编辑复制的文本素材，如图5-73所示。

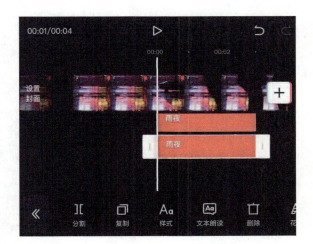

图 5-73

图 5-74

- 样式 Aa：点击该按钮，可展开字体样式的列表，在其中可以选择剪映提供的任意字体样式并将其应用到文本素材中，如图5-74所示。

- 文本朗读 Aa：点击该按钮，剪映会识别文本内容，成功之后点击 ▷ 按钮，剪映便会朗读文本内容。

- 删除 □：点击该按钮，可将当前选中的文本素材删除。

- 跟踪 ◎：跟踪功能可以使贴纸或者文本跟随视频中的物体进行移动。点击该按钮，预览窗口会出现一个黄色的椭圆跟踪框，调整跟踪框的大小和位置，使跟踪框能完全覆盖跟踪物体，然后点击"开始跟踪"按钮，剪映会自动识别运动物体，使贴纸或文本跟踪物体的移动而移动。

- 花字 A：点击该按钮，可为文本素材添加特殊的外形效果，如图5-75所示。

图 5-75

- **气泡** ◎：除了花字效果，剪映中还有气泡效果，点击该按钮，可在展开的列表中选择任意一种气泡并将其应用到文本素材中，如图5-76所示。

图 5-76

- **动画** ◎：点击该按钮，在展开的列表中可以设置文本素材"入场动画""出场动画""循环动画"的效果。

以上即为在剪映中剪辑视频的相关内容。对于 Vlogger 来说，无论选择哪一款 App 剪辑视频都是可以的，主要取决于视频素材的多少、成品的质量、手机的性能及个人喜好等；对于要求更高的 Vlogger 来说，可以使用计算机剪辑视频。笔者将在本书的下一章中向大家具体介绍相关内容。

第6章 计算机剪辑技巧

影视拍摄和后期制作都有专业的流程，而 Vlog 的拍摄与后期制作同样如此。与用手机剪辑视频相比，使用计算机剪辑视频更精准。计算机剪辑可以精确到单帧画面，并且在画面叠加、添加遮罩等方面的操作更精准；而手机剪辑受到屏幕尺寸、存储容量、处理能力、交互操作等限制，用户只能完成一些简单的操作。本章将以两款软件为例，为大家介绍使用计算机剪辑视频的具体方法。

6.1 Final Cut Pro X

Final Cut Pro X 是苹果公司推出的视频编辑与制作软件。用户可以使用 Final Cut Pro X 处理较大的项目，并且该软件支持更大的帧尺寸，可以通过加装内存条来处理帧数更多的视频，还可以呈现强烈的多层次效果。

本节将带领各位读者了解 Final Cut Pro X 的工作界面、项目文件的基本操作、剪辑流程等基础内容。

6.1.1 界面介绍

启动 Final Cut Pro X 后，将进入 Final Cut Pro X 的工作界面，初次运行时工作界面是处于空白状态的。该软件的工作界面由 5 个主区域组成，分别是"资源库"窗口、"浏览器"窗口、"监视器"窗口、"检查器"窗口和"磁性时间线"窗口，如图 6-1 所示。

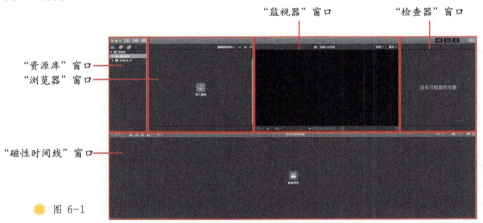

● 图 6-1

1．"资源库"窗口和"监视器"窗口

"资源库"窗口主要用来对素材进行导入、分类、评价等优化操作，此外还可以对项目文件进行管理；"监视器"窗口则是提供视频回放的地方，可以在全屏幕视图或在第二台显示器上播放包括 1080P、2K、4K 甚至 5K 的同步视频图像。

在"资源库"窗口中，单击"显示或隐藏'资源库'边栏"按钮 ，可以显示或隐藏资源库，如图 6-2 所示。

图 6-2

在"资源库"窗口中单击"显示或隐藏'照片和音频'边栏"按钮 ，可以显示或隐藏资源库中的照片和音频，如图 6-3 所示；单击"显示或隐藏'字幕和发生器'边栏"按钮 ，可以显示或隐藏资源库中的字幕和发生器，如图 6-4 所示。

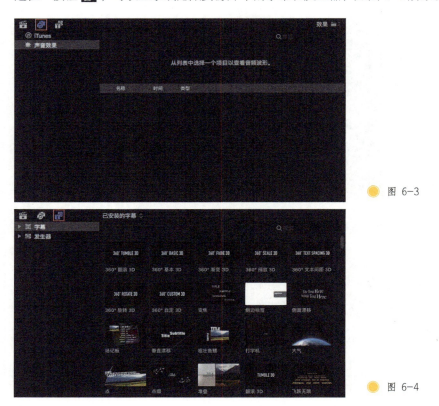

图 6-3

图 6-4

2. "磁性时间线"窗口

"磁性时间线"窗口是视频编辑工作的主区域,包含"时间线索引"面板、"磁性工作线"面板和"效果"面板这3个主要面板,如图6-5所示。

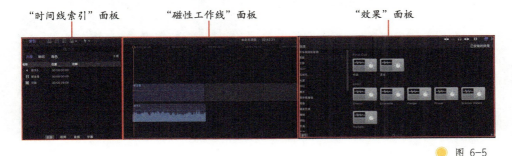

图 6-5

（1）"时间线索引"面板

默认情况下,"时间线索引"面板是隐藏的。如果要打开"时间线索引"面板,可以单击"索引"按钮 索引 或者按快捷键command+shift+2,如图6-6所示。在"时间线索引"面板中可以找到时间线中使用的所有片段和标记。在文本视图中,通过设置筛选条件,可仅显示要查看的对象。

（2）"磁性工作线"面板

Final Cut Pro X 的时间线与其他剪辑软件一样,都是通过添加和排列素材片段来进行编辑和创作的。当预置一条磁性工作线时,时间线会以"磁性"方式调整素材片段,使其与被拖入位置周围的素材片段相适应。如果将素材片段拖出某个位置,则邻近的素材片段会自动填充出现的空隙。

（3）"效果"面板

"效果"面板中包含可应用于视频及音频的600多项专业级滤镜,以及100多种转场特效、近200种字幕制作

图 6-6

方案，如图6-7所示。此外，Final Cut Pro X 允许第三方插件应用的进入且能较好地保障插件使用的稳定性。

3.后台任务、时码、音频指示

通过后台任务、时码和音频指示，用户可以实时监控 Final Cut Pro X 中的视频和音频素材。下面将对其进行详细介绍。

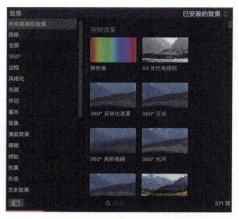

图 6-7

（1）后台任务

Final Cut Pro X 中的"转码和分析""导入媒体""媒体管理""渲染""缩略图和波形""共享""备份""验证"等任务都是在后台执行的。Final Cut Pro X 会自动管理后台任务，不需要用户执行任何操作来启动或暂停这些任务。如果要查看任一后台任务的进度，可以在菜单栏中执行"窗口"|"后台任务"命令，打开"后台任务"窗口，如图6-8所示，在该窗口中会显示正在执行的任务及其完成情况。

图 6-8

（2）时码

时码包含"项目时间码"和"源时间码"两种，可以用来监视、查看项目和源素材文件的时间。显示"项目时间码"和"源时间码"的方法很简单，在菜单栏中执行"窗口"|"项目时间码"命令或"窗口"|"源时间码"命令，打开"项目时间码"或"源时间码"窗口进行查看即可，如图6-9所示。

● 图 6-9

（3）音频指示

音频指示用于在播放视频或音频片段时，显示音频的电平值和音频的播放轨道。用户一般可以在"音频指示"窗口中进行相关的编辑操作，如图 6-10 所示。

4.关键词编辑器

使用关键词编辑器，可以让庞大的素材库排列有序，是一种全新的素材归类方式。关键词编辑器也可帮助用户快速找到制作影片所需要的素材片段。

在"浏览器"窗口中，当选中一个范围或者一个或多个字段时，如果想要为其添加关键词，则可以打开关键词编辑器，输入关键词名称即可，如图 6-11 所示。

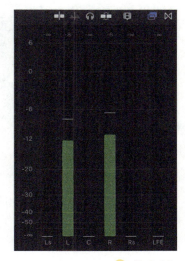

● 图 6-10

● 图 6-11

5.工具

Final Cut Pro X 中包含 7 种可用快捷键切换的常用编辑工具。显示这 7 种常用编辑工具的方法：在"磁性时间线"窗口的上方单击"使用选择工具选择项"右侧的三角按钮 ，展开列表框，即可显示"选择""修剪""位置""范围选择""切割""缩放""手"等常用工具，如图 6-12 所示。

图 6-12

6.1.2 项目与文件的基本操作

在 Final Cut Pro X 中，项目文件是指编辑视频时输出和输入的文件，例如素材和库文件。为了使视频编辑工作更加便捷，用户可以通过设置参数来编辑项目文件，这样更利于用户在编辑视频时实现项目文件的格式统一，从而保证视频的工整性。本小节将介绍项目与文件的基本操作方法。

下面将为大家介绍 Final Cut Pro X 中关于项目的一些基础操作知识，包括创建项目的几种方法，以及项目的重命名、删除、复制和保存等操作。

（1）创建项目

通过 Final Cut Pro X 中的"项目"功能，用户可以轻松地创建项目。在 Final Cut Pro X 中创建项目的方法主要有以下几种。

① 在菜单栏中，执行"文件"|"新建"|"项目"命令，或按快捷键 command+N，如图 6-13 所示。

②在"资源库"窗口中的空白处单击鼠标右键，在弹出的快捷菜单中，选择"新建项目"命令，如图6-14所示。

③在"磁性时间线"窗口中，单击"新建项目"按钮。

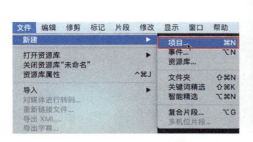

图 6-13

图 6-14

执行以上任意一种操作，均可打开"项目设置"对话框，如图6-15所示。在该对话框中可以根据需要设置项目名称及相关参数，单击"好"按钮即可创建项目。

图 6-15

"项目设置"对话框中各主要参数的含义如下。

- **"项目名称"文本框**：在该文本框中，可以输入项目的名称。

- **"事件"列表框**：在该列表框中，可以设置将项目存储在哪一个事件之下。

- **"起始时间码"数值框**：用于设置将媒体文件放到项目中开始编辑的位置。

143

- **"视频"列表框**：用于设定项目的规格，包括格式、分辨率和速率。

- **"渲染"列表框**：用于设定预览与输出项目时使用的渲染模式，包括编解码器和颜色空间。

- **"音频"列表框**：音频的通道包括环绕声和立体声；采样速率数值越大，音频的质量越高。

（2）重命名与删除项目

在新建项目后，如果需要更改项目文件的名称，可以单击项目名称，待项目名称变为蓝色后即可在文本框中对其进行重命名操作。

如果对创建的项目不满意，可以删除项目。具体的操作为：在"浏览器"窗口中选中需要删除的项目，单击鼠标右键，在弹出的快捷菜单中，选择"移到废纸篓"命令，或按快捷键command+delete，即可删除该项目，如图6-16所示。

图 6-16

（3）复制项目

在修改完一个项目后，为了能够快速找到上一个未进行修改的项目，可以在修改项目之前复制一个项目进行备份。复制项目的具体方法是：选中需要进行复制的项目，单击鼠标右键，在弹出的快捷菜单中，选择"复制项目"命令，或者按快捷键command+D，即可复制项目，如图6-17所示。操作完成后，在原项目的下方将会出现一个以"原项目名称 + 编号"形式命名的新项目。

● 图 6-17

值得注意的是,"复制项目"命令是将项目文件和后台的渲染文件、音频波形文件,以及代理和优化的文件全部复制到新建的项目中,而"将项目复制为快照"命令只复制工程文件。

(4)保存项目

项目文件的保存方法很简单,在菜单栏中,执行"文件"|"资源库属性"命令,打开"资源库属性"窗口,单击"修改设置"按钮,如图 6-18 所示。在打开的对话框中,设置好项目文件的存储位置,如图 6-19 所示,单击"好"按钮即可保存项目文件。

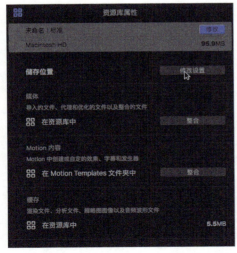

● 图 6-18

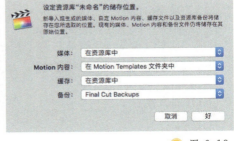

● 图 6-19

145

该对话框中各主要参数的含义如下。

- **"媒体"列表框**：选取导入的文件、代理和优化的文件、整合的文件的存储位置；若要将文件存储在资源库之外，可选取"选取"命令，在弹出的对话框中设置好存储位置，然后单击"选取"按钮即可。

- **"Motion内容"列表框**：选取在Motion中创建或自定的效果、字幕和发生器的存储位置。

- **"缓存"列表框**：选取渲染文件、分析文件、缩略图图像、音频波形文件的存储位置。

- **"备份"列表框**：选择资源库备份的存储位置。

值得注意的是，在默认情况下，Final Cut Pro X 将按常规间隔自动备份资源库。备份仅包括资源库的数据库部分，而不包括媒体文件。在 Final Cut Pro X 中，通过"资源库属性"窗口，可以查看和修改媒体、Motion 内容、缓存和备份文件的存储位置。

6.1.3 剪辑流程

无论是刚入门的剪辑新手，还是经验丰富的资深剪辑师，在进行视频剪辑的过程中，都需要清楚基本的视频剪辑工作流程。掌握使用 Final Cut Pro X 剪辑视频的工作流程，可以帮助用户更好地剪辑出流畅的视频。

1. 前期的视频拍摄

这是最基础的准备阶段，在此阶段，需要收集拍摄的视频素材与同步收录的音频素材，以及与项目有关的各类资源。

2. 视频的采集与传输

将拍摄的文件传输到硬盘并进行整理，需要注意的是，为防止媒体文件意外损坏，需要在传输的同时对文件进行备份。

3. 创建项目文件

在 Final Cut Pro X 中根据具体要求进行特定的项目设置，建立资源库与事件。

4.导入素材

在导入过程中，对于高分辨率与高码率的素材可以进行转码，建立代理文件；对不完美的镜头进行修正并对媒体文件的元数据进行分析，提取关键词。

5.组织剪辑

将整理、组织好的素材拖曳到时间线中进行剪辑，这是整个剪辑工作中最为重要的一环。

6.添加效果设置

在已经剪辑完成的视频中添加转场和效果并进行调色，使整个视频的视觉效果趋于统一。

7.添加字幕和音频

根据视频的要求对字幕的效果进行调整，然后添加背景音乐，并通过混合音频编辑，改善声音效果。

8.导出视频

根据不同的要求将编辑好的视频导出为适合在互联网或移动设备上进行播放的媒体文件。

以上即为笔者对 Final Cut Pro X 的基本介绍，由于篇幅问题，更详细的剪辑方法在此不再赘述。

6.2 Adobe Premiere Pro

Adobe Premiere Pro 是目前流行的非线性编辑软件，也是一个功能强大的视频和音频实时编辑工具。作为视频爱好者们使用频率极高的视频编辑软件之一，其应用领域不胜枚举，经验丰富的资深剪辑师们使用该软件制作的视频效果大多不错，其不断完善的视频编辑功能也能协助用户更加高效地完成工作。Adobe Premiere Pro 以其合理化的工作界面和通用的高端视频编辑工具，兼顾了广大视频编辑用户的不同需求。

6.2.1 界面介绍

首次进入 Adobe Premiere Pro，所呈现的界面是默认工作界面，其中的"项目"面板、"时间轴"面板、"源"监视器面板和"节目"监视器面板，都是在视频编辑中常用的基本工作面板。下面为大家介绍 Adobe Premiere Pro 中的一些常用工作面板。

1. "项目"面板

"项目"面板主要用于存放创建的序列和导入的素材。在该面板中，用户可以对素材执行插入到序列、复制、删除等操作，并可以预览素材、查看素材的详细属性等。"项目"面板如图 6-20 所示。

图 6-20

2. "媒体浏览器"面板

"媒体浏览器"面板用于快速浏览计算机中的其他素材，并可以对素材进行导入到项目、在"源"监视器面板中预览等操作。"媒体浏览器"面板如图 6-21 所示。

● 图 6-21

3. "信息"面板

"信息"面板主要用于查看所选素材及当前序列的详细属性,如图 6-22 所示。

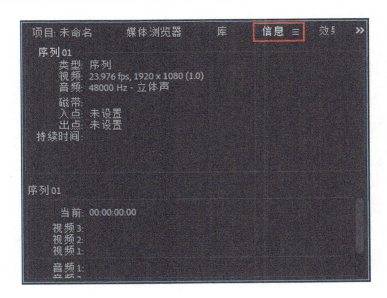

● 图 6-22

4. "效果"面板

"效果"面板中展示了软件所能提供的所有效果,包括"预设""Lumetri预设""音频效果""音频过渡""视频效果""视频过渡",如图6-23所示。

图 6-23

5. "标记"面板

打开"标记"面板,如图6-24所示,在其中可查看打开的剪辑或序列中的所有标记,并显示与剪辑有关的详细信息,例如彩色编码的标记、入点、出点和注释。单击"标记"面板中的缩览图,可将播放指示器移动到对应位置。

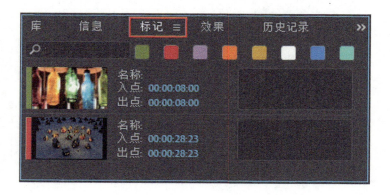

图 6-24

6. "历史记录"面板

"历史记录"面板用于记录历史操作,可用于删除一项或多项历史操作,也可用于将已删除的操作还原,如图6-25所示。

图 6-25

7. "工具"面板

"工具"面板中包括"选择工具"、"剃刀工具"、"钢笔工具"和"文字工具"等，如图 6-26 所示。

图 6-26

8. "时间轴"面板

"时间轴"面板，也被称为"序列"面板。该面板的左侧为轨道状态区，显示了轨道名称和轨道控制功能按钮；面板右侧为轨道编辑区，可用于排列、放置、剪辑素材。"时间轴"面板如图 6-27 所示。

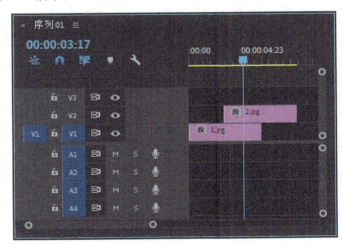

图 6-27

9. "源"监视器面板

在"源"监视器面板中,可预先打开要添加至序列的素材,自行调整入点和出点,对剪辑前的素材进行内容筛选。此外,还可以插入剪辑标记,并将素材片段中的画面或音频单独提取到序列中。"源"监视器面板如图 6-28 所示。

图 6-28

10. "效果控件"面板

"效果控件"面板显示了素材的固定效果属性,这些属性分别为"运动""不透明度""时间重映射",如图 6-29 所示。此外,在该面板中,用户也可以自定义从效果文件夹中添加的各类效果。

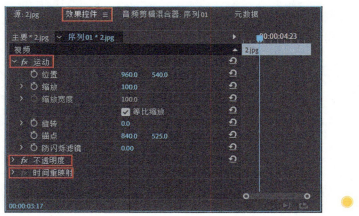

图 6-29

11. "音频剪辑混合器"面板

在"音频剪辑混合器"面板中，可对音频轨道中的音频素材进行音量调控。每条混合轨道均对应活动在"时间轴"面板中的音频轨道，并会在音频控制台中显示出来。"音频剪辑混合器"面板如图 6-30 所示。

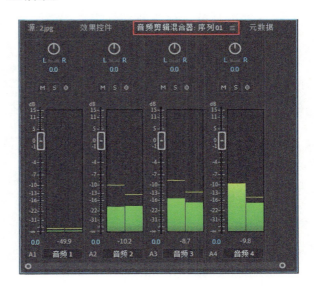

图 6-30

12. "节目"监视器面板

"节目"监视器面板可回放和预览正在组合的序列剪辑，回放和预览的序列就是"时间轴"面板中的活动序列。用户可以设置序列标记并指定序列的入点和出点。"节目"监视器面板如图 6-31 所示。

图 6-31

6.2.2 菜单介绍

Adobe Premiere Pro 的菜单栏中包含了9个菜单，分别为"文件""编辑""剪辑""序列""标记""图形""视图""窗口""帮助"菜单，如图6-32所示。

图 6-32

1. "文件"菜单

"文件"菜单主要用于对项目文件的管理，如新建、打开、保存、导出等，如图6-33所示。

图 6-33

"文件"菜单还可用于采集外部视频素材，该菜单中的主要命令的功能介绍具体如下。

- **新建**：用于创建一个新的项目、序列、素材箱、脱机文件、字幕、彩条和通用倒计时片头等。

- **打开项目**：用于打开已经存在的项目。

- **打开团队项目**：用于打开多位编辑人员共同协作的项目。

- **打开最近使用的内容**：用于打开最近编辑过的10个项目。

- **转换Premiere Clip项目**：用于转换Adobe公司推出的手机视频编辑软件Premiere Clip中的项目。

- **关闭**：用于关闭当前选中的面板。

- **关闭项目**：用于关闭当前打开的项目，但不退出软件。
- **关闭所有项目**：用于关闭当前打开的所有项目。
- **保存**：用于保存当前项目。
- **另存为**：用于对当前项目进行重命名和保存操作，同时进入新文件的编辑环境。
- **保存副本**：用于为当前项目存储一个副本，存储副本后仍处于原文件的编辑环境中。
- **全部保存**：用于保存当前打开的所有项目。
- **还原**：用于将最近依次编辑的文件或者项目恢复原状，即返回到上次保存过的项目的状态。
- **同步设置**：用于让用户将常规首选项、键盘快捷键、预设和库同步到 Creative Cloud。
- **捕捉**：用于通过外部的捕获设备获得视频/音频素材，以及采集素材。
- **批量捕捉**：用于通过外部的捕获设备批量地捕获视频/音频素材，以及批量采集素材。
- **链接媒体**：用于链接当前脱机媒体文件。
- **设为脱机**：将当前媒体文件调为脱机状态，可以选择保留源文件或彻底删除源文件。
- **Adobe Dynamic Link**：新建一个链接到 Adobe Premiere Pro 项目的 Adobe Encore 合成或链接到 Adobe After Effects。
- **从媒体浏览器导入**：用于将在媒体浏览器中选择的文件导入"项目"面板。
- **导入**：用于将硬盘上的多媒体文件导入"项目"面板。
- **导入最近使用的文件**：用于直接将最近编辑过的素材导入"项目"面板，不弹出"导入"对话框，方便用户更快、更准地导入素材。
- **导出**：用于将工作区域栏范围中的内容导出成视频。
- **获取属性**：用于获取文件的属性或者选择内容的属性，它包括两个选项，一个是"文件"，另一个是"选择"。

- **项目设置**：该命令的下一级菜单中包含常规和暂存盘收录设置，用于设置视频影片、时间基准和时间显示，显示视频和音频设置，提供了用于采集音频和视频的设置及路径。

- **项目管理**：执行该命令后，会打开"项目管理器"对话框，可以在其中创建项目的修整版本。

- **退出**：执行该命令后，会退出 Adobe Premiere Pro，关闭程序。

2. "编辑"菜单

"编辑"菜单中主要包括了一些常用的基本编辑功能，如"撤销""重做""复制""粘贴""查找"等。其中还包括了 Adobe Premiere Pro 中特有的影视编辑功能，如"波纹删除""编辑原始""标签"等，如图 6-34 所示。

图 6-34

该菜单中的主要命令的功能介绍具体如下。

- **撤销**：用于撤销上一步操作。

- **重做**：该命令与"撤销"命令是相对的，它只有在使用了"撤销"命令之后才被激活，可以取消撤销操作。

- **剪切**：用于将选中的内容剪切掉，然后用户可将剪切的内容粘贴到指定的位置。

- **复制**：用于将选中的内容复制一份，然后用户可将复制的内容粘贴到指定的位置。

- **粘贴**：与"剪切"命令和"复制"命令配合使用，用于将剪切或复制的内容粘贴到指定的位置。

- **粘贴插入**：用于将剪切或复制的内容在指定位置以插入的方式进行粘贴。
- **粘贴属性**：用于将其他素材片段上的一些属性粘贴到选中的素材片段上，这些属性包括一些过渡特效和运动效果等。
- **删除属性**：用于删除媒体文件的视频属性和音频属性。
- **清除**：用于删除选中的内容。
- **波纹删除**：用于删除选中的素材片段且不让轨道中留下空白间隙。
- **重复**：用于复制"项目"面板中的素材。只有选中"项目"面板中的素材时，该命令才可用。
- **全选**：用于选择当前面板中的全部内容。
- **选择所有匹配项**：用于选择"时间轴"面板中的多个源自同一个素材的素材片段。
- **取消全选**：用于取消所有选择状态。
- **查找**：用于在"项目"面板中查找定位素材。
- **标签**：用于改变"时间轴"面板中素材片段的颜色。
- **移除未使用资源**：用于快速删除"项目"面板中未使用的素材。
- **编辑原始**：用于在外部程序软件中对选中的素材进行编辑，如Adobe Photoshop等。
- **在Adobe Audition中编辑**：将音频文件导入Adobe Audition中进行编辑。
- **在Adobe Photoshop中编辑**：将图片素材导入Adobe Photoshop中进行编辑。
- **快捷键**：用于指定键盘快捷键。
- **首选项**：用于设置Adobe Premiere Pro系统的一些基本参数，包括综合、音频、音频硬件、自动存盘、采集、设备管理、同步设置、字幕等。

3. **"剪辑"菜单**

"剪辑"菜单主要用于对"项目"面板或"时间轴"面板中的各种素材进行编辑处理，如图6-35所示。

图 6-35

该菜单中的各项命令的功能介绍具体如下。

- **重命名**：用于对"项目"面板中的素材和"时间轴"面板中的素材片段重新命名。

- **制作子剪辑**：根据在"源"监视器面板中编辑的素材创建附加素材。

- **编辑子剪辑**：编辑附加素材的入点和出点。

- **编辑脱机**：在脱机状态下编辑素材。

- **源设置**：对素材的源对象进行设置。

- **修改**：用于修改音频的声道或者时间码，还可以查看或修改素材的信息。

- **视频选项**：用于设置帧定格、场选项、帧混合或者缩放为帧大小。

- **音频选项**：用于设置音频增益、拆分为单声道、渲染和替换或者提取音频。

- **速度/持续时间**：用于设置素材的速度或持续时间。

- **捕捉设置**：用于设置捕捉素材的相关参数。

- **插入**：将素材插入时间轴中的当前时间指示器处。

- **覆盖**：将素材放置在当前时间指示器处，覆盖已有的素材片段。

- **替换素材**：使用磁盘上的文件替换时间轴中的素材。

- **替换为剪辑**：用"源"监视器面板中编辑的素材或者素材库中的素材替换时间轴中已选中的素材片段。
- **渲染和替换**：渲染时间轴上未渲染的媒体元素，并更改渲染的格式和设置。
- **恢复未渲染的内容**：将已渲染并替换了的媒体文件恢复为原始未渲染的媒体文件。
- **更新元数据**：用于更新媒体文件的说明性信息，包括基本元数据属性，如日期、持续时间和文件类型。
- **生成音频波形**：将时间轴上没有显示波形的音频文件的波形显示出来。
- **自动匹配序列**：可以快速组合粗剪或将剪辑添加到现有序列中。
- **启用**：用于激活或禁用时间轴中的素材；禁用的素材不会显示在"节目"监视器面板中，也不能被导出。
- **取消链接**：将加链接的媒体分离。
- **编组**：将时间轴上的素材放在一组中以便进行整体操作。
- **取消编组**：用于取消对素材的编组。
- **同步**：根据素材的入点、出点或时间码在时间轴上排列素材。
- **合并剪辑**：将时间轴上的一段视频和音频合并为一个剪辑，添加到素材库中，并不影响这段视频和音频在时间轴上原来的编辑状态。
- **嵌套**：可以将源序列编辑到其他序列中，同时保持原始源剪辑和轨道布局完整。
- **创建多机位源序列**：将具有通用入点/出点或重叠时间码的剪辑合并为一个多机位序列。
- **多机位**：执行该命令，会在"节目"监视器面板中显示多机位编辑界面；用户可以从使用多个摄像机从不同角度拍摄的剪辑素材中或从特定场景的不同镜头中创建可立即编辑的序列。

4. "序列"菜单

"序列"菜单可用于渲染并查看素材，也能更改"时间轴"面板中的视频和音频轨道数，如图6-36所示。

图 6-36

该菜单中的各项命令的功能介绍具体如下。

- **序列设置**：执行该命令，会打开"序列设置"对话框，可以在其中对序列参数进行设置。

- **渲染入点到出点的效果**：渲染工作区域内剪辑后的素材的效果，创建工作区预览，并将预览文件保存在磁盘上。

- **渲染入点到出点**：渲染整个工作区域的剪辑后的素材，并将预览文件保存在磁盘上。

- **渲染选择项**：渲染时间轴上被选择的部分素材，并将预览文件保存在磁盘上。

- **渲染音频**：只渲染工作区域的音频文件。

- **删除渲染文件**：删除磁盘上的渲染文件。

- **删除入点到出点的渲染文件**：删除工作区域内的渲染文件。

- **匹配帧**：匹配"源"监视器面板和"节目"监视器面板中的帧。

- **反转匹配帧**：将"源"监视器面板中加载的视频帧在时间轴中进行匹配。

- **添加编辑**：拆分剪辑素材，相当于"剃刀工具"。

- **添加编辑到所有轨道**：拆分当前时间指示器处的所有轨道上的剪辑素材。

- **修剪编辑**：对已编入序列的剪辑素材的入点和出点进行调整。

- **将所选编辑点扩展到播放指示器**：将最接近播放指示器的选定编辑点移动到播放指示器的位置。

- **应用视频过渡**：在两段素材之间的当前时间指示器处添加默认的视频过渡效果。

- **应用音频过渡**：在两段素材之间的当前时间指示器处添加默认的音频过渡效果。

- **应用默认过渡到选择项**：将默认的过渡效果应用到所选择的素材对象上。

- **提升**：剪切在"节目"监视器面板中设置入点到出点的V1和A1轨道中的帧，并在时间轴上保留空白间隙。

- **提取**：剪切在"节目"监视器面板中设置入点到出点的帧，并不在时间轴上保留空白间隙。

- **放大**：放大时间轴。

- **缩小**：缩小时间轴。

- **封闭间隙**：用于删除时间轴上媒体文件之间的间隔。

- **转到间隔**：跳转到序列中的某一段间隔。

- **在时间轴中对齐**：将选中的素材与其他素材边缘对齐。

- **链接选择项**：将不同轨道的媒体文件链接。

- **选择跟随播放指示器**：当前时间指示器移动至哪一段素材就会选中哪段素材。

- **显示连接的编辑点**：用于显示序列中已连接的编辑点。

- **标准化主轨道**：对主轨道进行标准化设置。

- **制作子序列**：将剪辑好的素材嵌套成为可重复利用的素材。

- **自动重构序列**：创建具有不同长宽比的复制序列，并将序列中的所有剪辑与序列设置匹配。

- **添加轨道**：在时间轴中添加轨道。

- **删除轨道**：从时间轴中删除轨道。

5. "标记"菜单

"标记"菜单主要用于处理标记，包括添加和删除各类标记的命令，如图6-37所示。

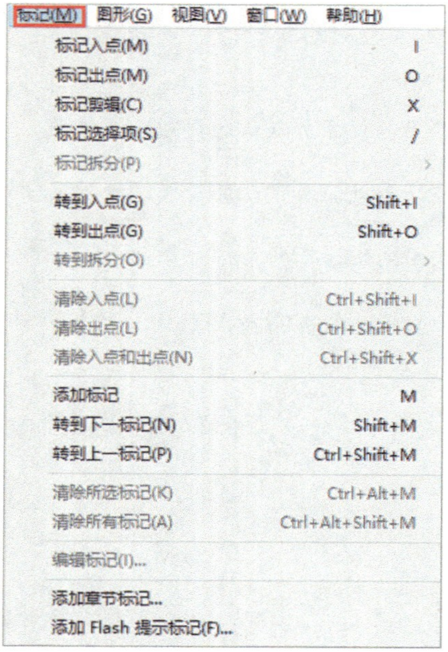

图 6-37

该菜单中的各项命令的功能介绍具体如下。

- **标记入点**：在当前时间指示器处添加入点标记。

- **标记出点**：在当前时间指示器处添加出点标记。

- **标记剪辑**：设置与剪辑入点和出点匹配的序列入点和出点。

- **标记选择项**：设置序列入点和出点与选择项的入点和出点匹配。

- **标记拆分**：用于在媒体文件中单独标记视频或音频的出入点。

- **转到入点**：将当前时间指示器移动至入点标记所在位置。

- **转到出点**：将当前时间指示器移动至出点标记所在位置。

- **转到拆分**：将当前时间指示器移动至拆分的视频或音频出入点，标记所在位置。

- **清除入点**：清除素材的入点。

- **清除出点**：清除素材的出点。

- **清除入点和出点**：清除素材的入点和出点。

- **添加标记**：在子菜单的指定处添加一个标记。

- **转到下一标记**：跳转到素材的下一个标记。

- **转到上一标记**：跳转到素材的上一个标记。
- **清除所选标记**：清除素材上的指定标记。
- **清除所有标记**：清除素材上的所有标记。
- **编辑标记**：编辑当前标记的时间及类型等。
- **添加章节标记**：为素材添加章节标记。
- **添加Flash提示标记**：为素材添加Flash提示标记。

6."图形"菜单

与Adobe Photoshop中的图层相似，Adobe Premiere Pro中的图形对象可以包含文本、形状和剪辑图层。序列中的单个图形轨道项内可以包含多个图层。当用户创建新图层时，时间轴中会添加包含该图层的图形剪辑，且剪辑的开头位于播放指示器所在的位置。"图形"菜单如图6-38所示。

图 6-38

该菜单中的各项命令的功能介绍具体如下。

- **从Adobe Fonts添加字体**：可进入关联网站激活各类新字体。
- **安装动态图形模板**：动态图形模板是一种可在Adobe After Effects或Adobe Premiere Pro中创建的文件类型（文件扩展名为".mogrt"），用户除了可以将计算机中的动态图形模板添加至Adobe Premiere Pro，还可以在Adobe Premiere Pro中创建字幕和图形，并将它们导出为动态图形模板，以供将来重复使用或共享。
- **新建图层**：用户可选择新建文本、直排文本、矩形和椭圆等对象图层。
- **对齐**：可对选中的图层对象进行对齐操作。
- **排列**：可对选中的图层对象进行排列操作。
- **选择**：执行该命令，可选择图形对象或图层。
- **升级为主图**：通过序列中的图形剪辑创建一个主剪辑。
- **导出为动态图形模板**：将图形（包括所有图层、效果和关键帧）导出为动态图形模板。

- **替换项目中的字体**：如果图形对象包含多个文本图层，且决定要更改字体，则可以通过"替换项目中的字体"命令来同时更改所有图层的字体。

7."视图"菜单

通过"视图"菜单中的命令，用户可对"节目"监视器面板中的素材预览进行设置。"视图"菜单如图6-39所示。

图 6-39

该菜单中的主要命令的功能介绍具体如下。

- **回放分辨率**：设置视频预览回放时画面的分辨率。
- **暂停分辨率**：设置视频预览暂停时画面的分辨率。
- **高品质回放**：执行该命令，视频在回放时将以高品质显示。
- **显示模式**：用于设置预览素材在"节目"监视器面板中的显示方式，包括"合成视频""Alpha""多机位""音频波形""比较视图"模式。
- **放大率**：在"节目"监视器面板中，可以选择预览画面尺寸的大小。
- **显示标尺**：在"节目"监视器面板中显示或隐藏标尺。
- **显示参考线**：在"节目"监视器面板中显示或隐藏参考线；在显示参考线后，可通过菜单中的"锁定参考线""添加参考线""清除参考线"命令对参考线进行相应设置。
- **锁定参考线**：在添加所有参考线后，可以将它们锁定以防止任何意外移动。
- **添加参考线**：可选择参考线的位置、单位、颜色和方向来创建新的参考线。
- **清除参考线**：将已添加的参考线删除。
- **在节目监视器中对齐**：将图形元素对齐到参考线、彼此对齐或对齐到跟踪项。

8."窗口"菜单

"窗口"菜单中包含了Adobe Premiere Pro的所有窗口和面板，如图6-40所示。通过该菜单，用户可以打开或关闭任意面板，也可以恢复到默认面板。

图 6-40

该菜单中的主要命令的功能介绍具体如下。

- **查找有关Exchange的扩展功能**：用于打开"Adobe Exchange"面板，以方便地浏览、安装和查找免费的和付费的增效工具。

- **扩展**：在其子菜单中，可以选择打开Adobe Premiere Pro的扩展程序。

- **最大化框架**：将当前关注面板切换至最大化显示状态。

- **音频剪辑效果编辑器**：用于打开或关闭"音频剪辑效果编辑器"面板。

- **音频轨道效果编辑器**：用于打开或关闭"音频轨道效果编辑器"面板。

- **标记**：用于打开或关闭"标记"面板，可以查看当前工作序列中所有标记的时间位置、持续时间、入点画面等，还可以根据需要为标记添加注释内容。

- **编辑到磁带**：在计算机连接了可以将硬盘中的数据输出到磁带中的硬件设备时，可通过"编辑到磁带"面板，对要输出硬盘的时间区间、写入磁带的类型等进行设置。

- **元数据**：用于打开或关闭"元数据"面板，可以对所选剪辑素材、采集捕捉的磁带视频、嵌入的Adobe Story脚本等内容进行详细的数据查看和添加注释等操作。

- **效果**：用于打开或关闭"效果"面板，可将需要的效果添加到轨道中的剪辑素材上。

- **效果控件**：用于打开或关闭"效果控件"面板，可以对素材剪辑的基本属性及添加到素材上的效果参数进行设置。

- **Lumetri 范围**：用于显示一组可调整大小的内置视频范围。

- **Lumetri 颜色**：用于打开"Lumetri颜色"面板，完成颜色调整、掌握白平衡、颜色分级等。

- **捕捉**：用于打开或关闭"捕捉"面板。
- **字幕**：用于打开或关闭"字幕"面板。
- **项目**：用于打开指定的"项目"面板。
- **了解**：用于打开"学习"面板，通过该面板，用户可浏览学习Adobe官方提供的教程。
- **事件**：用于打开或关闭"事件"面板，查看或管理视频序列中设置的事件动作。
- **信息**：用于打开或关闭"信息"面板，查看当前所选剪辑素材的属性、序列中当前时间指示器的位置等信息。
- **历史记录**：用于打开或关闭"历史记录"面板，查看完整的操作记录，或根据需要返回到之前某一步骤的编辑状态。
- **参考监视器**：用于打开或关闭"参考监视器"面板，在其中可以选择显示视频当前位置的色彩通道变化。
- **基本图形**：用于打开"基本图形"面板，可以创建字幕、图形和动画。
- **基本声音**：用于打开"基本声音"面板，可编辑、修复和优化音频。
- **媒体浏览器**：用于打开或关闭"媒体浏览器"面板，查看本地硬盘或网络驱动器中的素材资源，并可以将需要的素材文件导入项目中。
- **工作区**：在其子菜单中，可以选择需要的工作区布局并进行切换，也可以对工作区进行重置或管理。
- **工具**：用于激活"工具"面板。
- **库**：用于打开"库"面板，以便在任意Creative Cloud应用程序中共享和重复使用设计元素。
- **时间码**：用于打开或关闭"时间码"浮动面板，该面板可以独立地显示当前工作面板中的时间指示器位置；也可以根据需要调整该面板的大小，以更加直观地查看当前时间指示器的位置。
- **时间轴**：在其子菜单中可以切换"时间轴"面板中当前显示的序列。
- **源监视器**：用于打开或关闭"源"监视器面板。
- **节目监视器**：在其子菜单中，可以切换"节目"监视器面板中当前显示的序列。
- **进度**：用于打开"进度"面板，查找文件导入的速度。

- **音轨混合器**：用于打开音轨混合器，听取序列时间轴中的某个轨道，音轨混合器会显示索引音频轨道和主音量衰减器，以及音量计监视器输出信号电平。
- **音频剪辑混合器**：用于打开"音频剪辑混合器"面板，调整剪辑音量和声像。

9."帮助"菜单

"帮助"菜单包含程序应用的帮助命令、应用的在线教程、系统兼容性报告等命令，选择"帮助"菜单中的"Premiere Pro 帮助"命令，可以跳转至帮助页面，然后自行选择或搜索某个主题并对其进行学习。

6.3 Vlog综合案例

本节将以案例的形式为各位读者介绍 Vlog 的制作方法。以"我的热爱"为主题的 Vlog，讲述了处于不同阶段的人们所追寻的不同的"热爱"，在较短的时间内向观众传递积极向上的正能量——平凡的生活因坚持热爱而不平凡。

6.3.1 制作片头

本案例的片头由拍摄者介绍主题的片段及主题"我的热爱"的文字动画组合而成，通过拍摄者的话语来引出主题，让视频呈现出一种自然过渡的感觉。接下来将以 Adobe Premiere Pro 为例具体介绍 Vlog 片头的制作方法。开始制作前，要先将所需要的素材全部导入 Adobe Premiere Pro 中，并建立素材箱，按类型对其进行分类，方便后期剪辑时查找，具体步骤如下。

1.导入素材

① 单击"新建项目"按钮，将项目"名称"设置为"我的热爱"，单击"浏览"按钮，选择一个工程文件的存储位置，如图 6-41 所示，单击"确定"按钮，即可进入 Adobe Premiere Pro 的主界面。

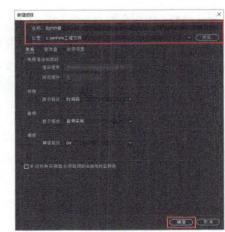

图 6-41

② 单击"项目"面板底部的"新建素材箱"按钮 ▢，如图6-42所示。根据需要建立一个或多个素材箱，如图6-43所示。

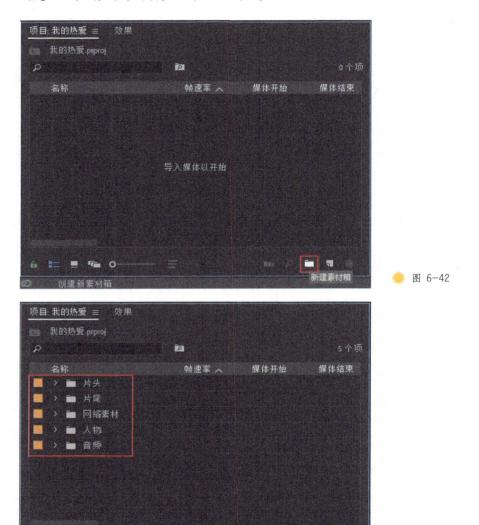

图 6-42

图 6-43

③ 在菜单栏中，执行"文件"|"导入"命令，或按快捷键Ctrl+I，弹出"导入"对话框，选中文件夹中的所有文件，如图6-44所示，单击"打开"按钮，将文件导入Adobe Premiere Pro中。

第 6 章 计算机剪辑技巧

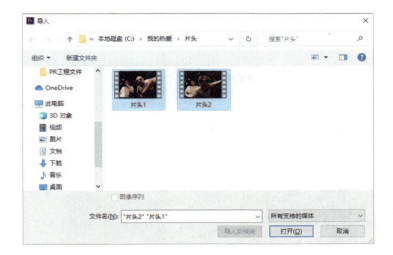

图 6-44

④ 导入素材后将素材移动至对应的"片头"素材箱中，如图 6-45 所示。

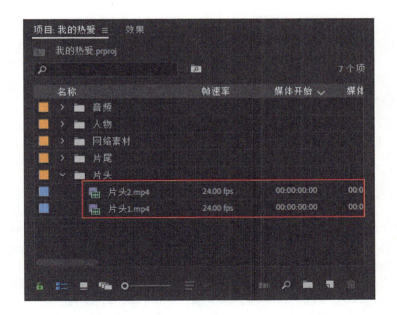

图 6-45

⑤ 按照相同的方法依次导入剩下的素材，并将其移动至对应的素材箱中。

⑥ 在开始剪辑前需要新建一个序列，在菜单栏中，执行"文件"|"新建"|"序列"命令，如图 6-46 所示。

169

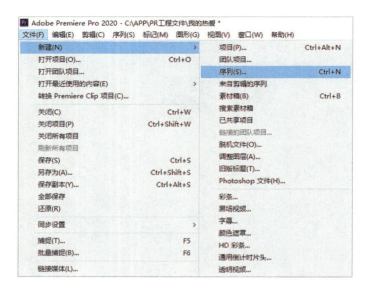

图 6-46

⑦ 在弹出的"新建序列"对话框中,将"编辑模式"设为"自定义","帧大小"设为"1920"水平、"1080"垂直、"16:9","像素长宽比"设为"方形像素(1.0)","场"设为"高场优先","预览文件格式"设为"仅1帧 MPEG",如图 6-47 所示,设置完成后单击"确定"按钮。

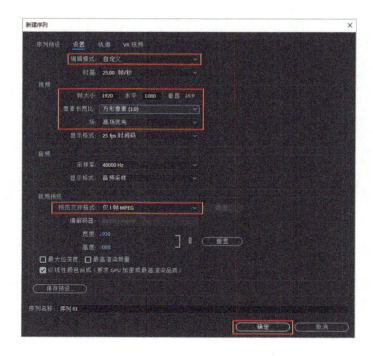

图 6-47

2.组织剪辑

Vlog 的片头是至关重要的，而一个优秀的片头离不开对视频素材的挑选及精细剪辑。为了能快速吸引观众的注意力，让观众有接着往下看的欲望，片头必须精简干练，只保留重点部分。下面将详细讲解片头的剪辑操作，本案例主要通过添加和重组素材来引出下一步要出现的文字动画。

① 将"片头"素材箱中的"片头 1.mp4"素材拖动到"时间轴"面板中的 V1 视频轨道上，同时音频会自动生成在 A1 轨道，如图 6-48 所示。

● 图 6-48

② 将"网络素材"素材箱中的"车.mp4""王者荣耀.mp4""高达.mp4""游山玩水.mp4"依次拖动到"时间轴"面板中的 V1 视频轨道上，与片头素材结尾处无缝衔接，如图 6-49 所示。

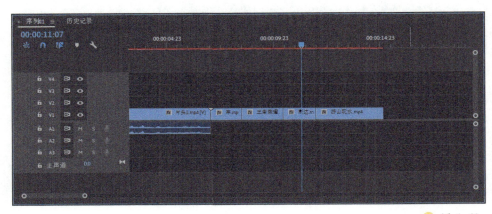

● 图 6-49

③将"片头"素材箱中的"片头 2.mp4"素材拖动到"时间轴"面板中的 V1 视频轨道上，与网络素材结尾处无缝衔接，如图 6-50 所示。

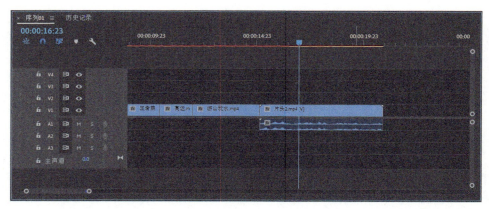

图 6-50

④将"音频"素材箱中的"网络素材音频 .mp3"拖动到"时间轴"面板中的 A1 音频轨道上，放在网络素材的正下方，并与其保持对齐，如图 6-51 所示。

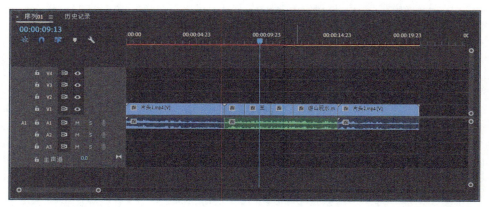

图 6-51

3.制作文字动画

在片头播放结束后，为了让画面效果不单一枯燥，这里教大家制作一种文字渐显的效果，在直接点明主题"我的热爱"的同时，把正片的内容引出来。下面将具体介绍如何结合使用"文字工具""裁剪"效果和关键帧来制作文字动画。

第6章 计算机剪辑技巧

① 单击"文字工具"按钮 ■，在"节目"监视器面板中输入文字"我的热爱"，如图6-52所示。

图 6-52

② 在菜单栏中执行"窗口"|"基本图形"命令，打开"基本图形"面板，将"填充"改为灰色，在"文本"列表框中选择"FZZJ-ZSXKJW"（方正字迹－子实行楷简体）字体，文字大小为"255"，在"对齐并变换"下依次单击"垂直居中对齐"按钮 ■ 和"水平居中对齐"按钮 ■，如图6-53所示，让文字处于画面中心位置。

③ 选中文本图层，同时按住Alt键及鼠标左键，将文字图层拖动到V2视频轨道上，即可复制一个图层，如图6-54所示。

图 6-53

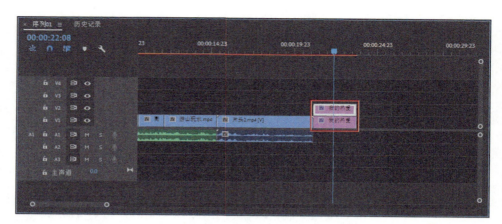

图 6-54

④ 在"效果"面板中搜索"裁剪"效果,如图 6-55 所示,按住鼠标左键将其拖动到 V2 视频轨道的文字图层上。

图 6-55

⑤ 添加"裁剪"效果后,移动时间针至文字图层的起始位置,单击V1视频轨道的"切换轨道输出"按钮 ,使其变为关闭状态,如图 6-56 所示。

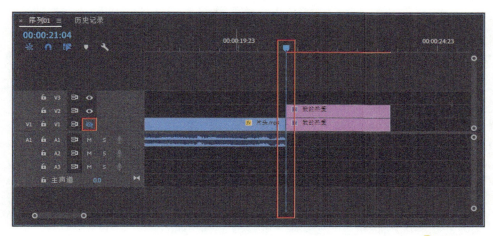

图 6-56

⑥ 选择 V2 视频轨道的文字图层，在"效果控件"面板中展开"裁剪"效果栏，单击"右侧"参数前的"切换动画"按钮，添加关键帧，并将数值设置为"80.0%"，如图 6-57 所示。此时在"节目"监视器面板中，文字已完全消失，如图 6-58 所示。

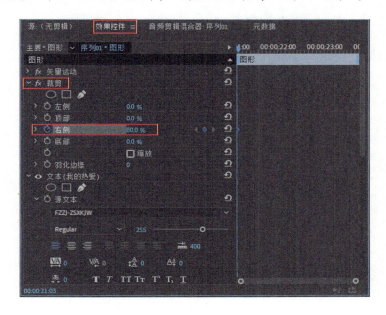

图 6-57

图 6-58

⑦ 将当前时间设置为 00:00:23:07，执行上一步骤中相同的操作，添加关键帧，但将"右侧"参数的数值修改为"0.0%"，如图 6-59 所示。

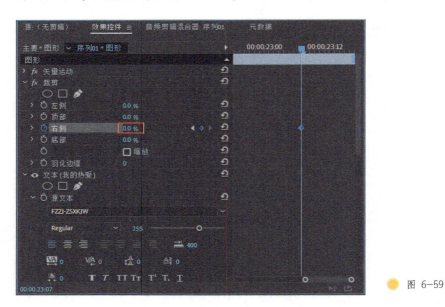

图 6-59

⑧ 选择 V1 视频轨道的文字图层，在"效果控件"面板中将"不透明度"设置为"40.0%"，如图 6-60 所示，并单击"切换轨道输出"按钮 ◉ ，使其变为打开状态。在"节目"监视器面板中预览动画效果，此时文字呈现出一种白光扫过的效果，如图 6-61 所示。

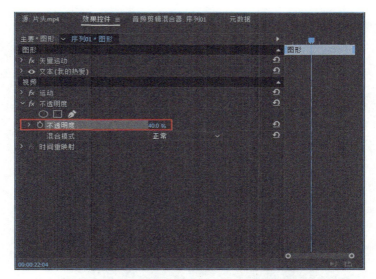

图 6-60

图 6-61

6.3.2 剪辑正片

在制作完片头之后，我们便进入了关键且重要的剪辑正片环节，这时不必使用过多的效果来修饰正片，而应注重对素材的剪辑和重组。在剪辑上，对于每段视频的持续时长要把握到位，不宜过长或过短。再通过重组素材，呈现流畅自然的画面效果，达到向观众展现主题、传递情感的目的。

下面将详细讲解正片内容的制作，主要使用添加和重组素材，以及修改视频的持续时间的方法。

1.添加素材到时间轴

在提前归类好的素材箱中，将接下来需要用到的素材依次拖入时间轴中，通过不同素材的拼接为观众展示主题所包含的具体内容。下面来介绍具体的操作方法。

① 展开"人物"素材箱，双击"家庭.MP4"素材，如图 6-62 所示。

图 6-62

② 进入"源"监视器面板，对原素材进行内容筛选，将当前时间设置为 15:50:08:15，单击"标记入点"按钮 或按快捷键 I 标记入点，如图 6-63 所示；再将当前时间设置为 15:50:12:12，单击"标记出点"按钮 或按快捷键 O 标记出点，如图 6-64 所示。

图 6-63

图 6-64

③ 单击"仅拖动视频"按钮并按住鼠标左键，如图 6-65 所示。将视频素材拖入"时间轴"面板中的 V1 视频轨道上，使其衔接在文字动画素材的后方，如图 6-66 所示。

图 6-65

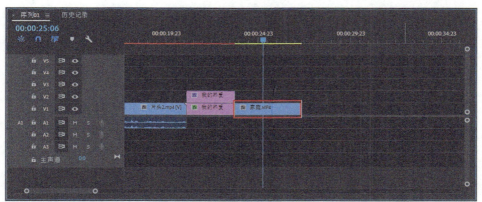

图 6-66

④ 展开"音频"素材箱，将"家庭音频.mp3"素材拖入"时间轴"面板中的 A1 音频轨道中，放在"家庭.MP4"素材下方中间的位置，如图 6-67 所示。

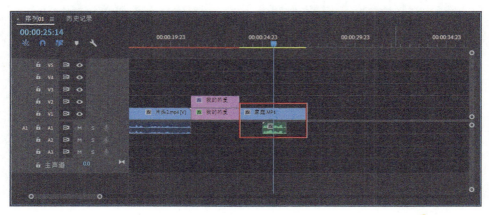

图 6-67

⑤ 将"人物"素材箱中其他的素材按照以上操作依次拖动至时间轴中，如图 6-68 所示。

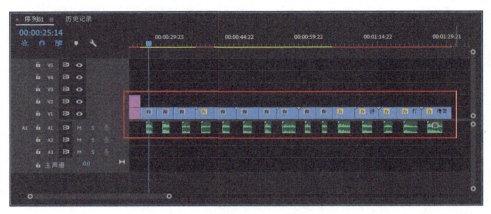

图 6-68

值得一提的是，如果视频素材时长过短，可按快捷键 R 将素材时长向后延长，或选中该视频素材，单击鼠标右键，在弹出的快捷菜单中选择"速度/持续时间"命令，如图 6-69 所示，再在弹出的"剪辑速度/持续时间"对话框中，将"速度值"调低，如图 6-70 所示。

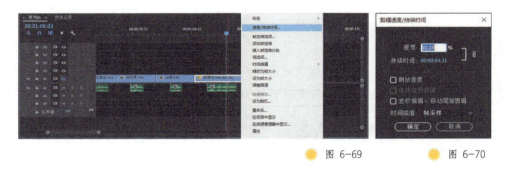

图 6-69　　　　图 6-70

2.视频的简单调色

除了剪辑之外，调色也是后期制作中非常重要的一步。调整或校正画面颜色，不仅能使画面变得更加漂亮，还能营造统一的画面氛围，让观众获得更舒适的观看体验。下面就为大家详细介绍一下如何对视频画面进行简单的调色处理。

① 单击"项目"面板底部的"新建项"按钮 ，单击"调整图层"选项，如图 6-71 所示，在之后弹出的"调整图层"窗口中单击"确定"按钮。

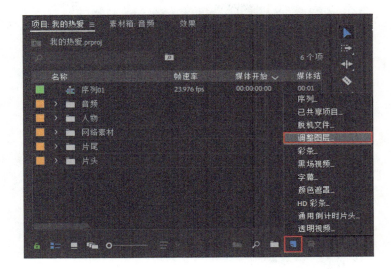

● 图 6-71

② 将调整图层拖动至"时间轴"面板中的 V2 视频轨道上，如图 6-72 所示，使其持续时长与正片视频素材时长保持一致。

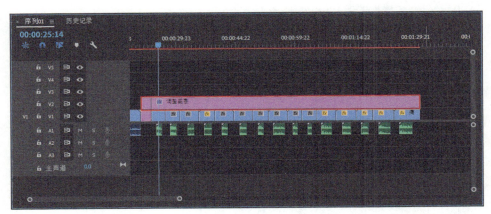

● 图 6-72

③ 在调色之前，先对画面进行整体分析，这个画面并没有过大的瑕疵，如图6-73所示，所以只需要稍稍调高画面曝光即可。

● 图6-73

④ 在菜单栏中，执行"窗口"｜"Lumetri颜色"命令，如图6-74所示。

● 图6-74

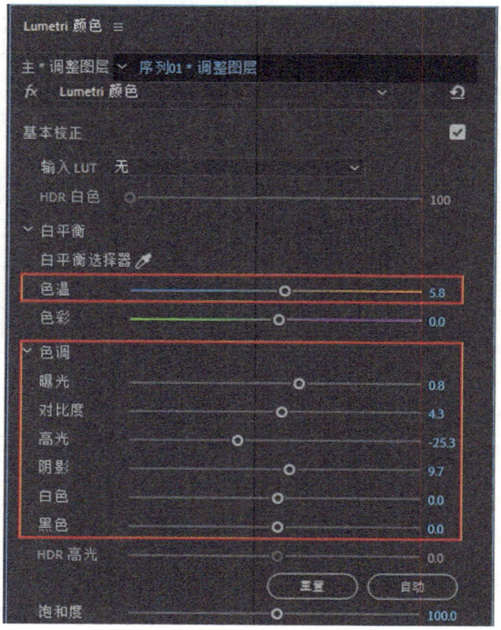

⑤ 在打开的"Lumetri颜色"面板中，单击"基本校正"选项，将"白平衡"和"色调"工具展开。设置"色温"为"5.8"，"曝光"为"0.8"，"对比度"为"4.3"，"高光"为"-25.3"，"阴影"为"9.7"，如图6-75所示。调整完成后，画面整体变亮，如图6-76所示。

● 图6-75

图 6-76

值得注意的是，在调整各项参数的数值时，一定要在调整图层上操作，如果直接在视频素材上操作，后期修改起来会非常麻烦。一个完整的视频通常由多个不同的画面组合而成，每个画面的拍摄环境不同，灯光及其他外部因素都会影响画面的色调，而一个调整图层也并不适用于所有的画面，所以对于不适用的画面，我们需要单独对其进行处理。

⑥ 室内暖光造成画面整体色调偏黄、偏暗，如图 6-77 所示，为了让画面和其他视频素材保持一致，呈现正常光照下的色调，我们需要对画面进行"去黄"处理。

图 6-77

⑦ 在菜单栏中，执行"窗口"|"Lumetri 颜色"命令，将"色相饱和度曲线"展开，单击"色相与饱和度"一栏的"吸管工具"按钮，将"吸管工具"移动至人物脸部黄调的位置并单击，右边的曲线图则会自动生成包含该颜色的区域，如图 6-78 所示。

图 6-78

⑧ 在曲线的黄色区域添加一个固定点，可以防止中间未选中的区域的数值被修改，如图 6-79 所示。固定完成后，将橙色点与红色点均往下移动，如图 6-80 所示。移动时注意观察人物肤色的变化，待人物肤色中的黄调去除后停止移动。最终效果如图 6-81 所示。

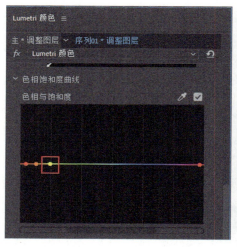

图 6-79   图 6-80

第 6 章 计算机剪辑技巧

● 图 6-81

⑨ 完成调色后，按回车键对视频进行渲染，弹出图 6-82 所示的对话框。此操作的作用是防止预览时出现卡顿现象。

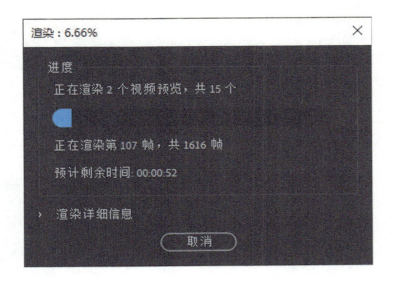

● 图 6-82

值得注意的是，调色是一项很主观、具有多样性的操作，没有固定的参数值。我们只有在日常生活中通过观察分析不同画面中的不足，尝试多种类型的调色方法，或者多参考其他人的调色思路，才能更游刃有余地处理画面，最终取得自己需要的效果。

6.3.3 制作片尾

本案例的片尾与片头的组成结构相似，由文字渐显动画和拍摄者陈述总结语的视频片段组成，最后以一个挡黑镜头结束整个视频。文字动画部分可直接套用片头做好的效果，下面对制作片尾的方法进行详细介绍。

① 将时间针移动至文字动画素材的位置，同时选中两个文字动画素材，按快捷键 Ctrl+C 复制文字素材，如图 6-83 所示。

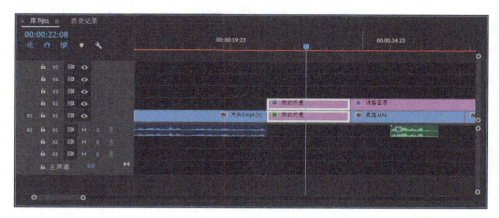

图 6-83

② 复制完后移动时间针至正片结尾处，按快捷键 Ctrl+V 粘贴上一步复制好的文字动画素材，如图 6-84 所示。

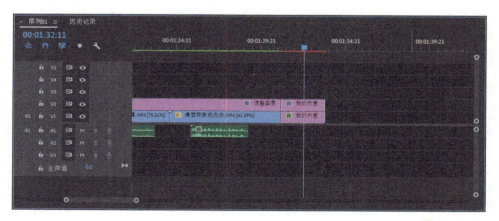

图 6-84

③ 选中 V1 视频轨道的文字图层,在"节目"监视器面板中将原文字修改成"我们有许多热爱……",在"基本图形"面板中分别单击"对齐并变换"中的"垂直居中对齐"按钮 ▥ 和"水平居中对齐"按钮 ▥,如图 6-85 所示,用相同的方法修改 V2 视频轨道中的文字。

● 图 6-85

④ 参照前面的步骤复制粘贴文字图层,并将原文字依次修改为"但不是每个热爱""都能被理解""都能被尊重",如图 6-86 所示。

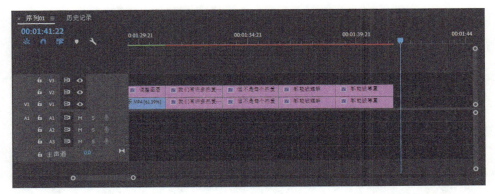

● 图 6-86

⑤ 在"项目"面板中将"片尾"素材箱中的"片尾1.mp4"和"片尾2.mp4"素材拖动至"时间轴"面板中的V1视频轨道上，使其衔接在文字动画素材的后方，如图6-87所示。

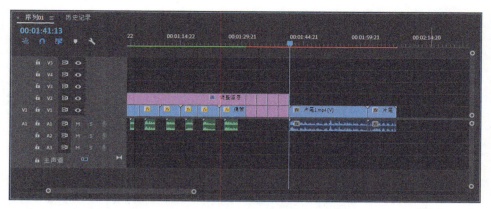

图 6-87

6.3.4 添加字幕

字幕不仅能将影片的内容更好地传递给观众，帮助观众理解主题，还能起到丰富画面的作用。下面将为大家详细介绍如何在 Adobe Premiere Pro 中添加字幕。

① 将时间针移动至视频起始位置，单击"播放"按钮，再单击"文字工具"按钮 T，在"节目"监视器面板中一句一句地输入听到的文字，字幕持续时长与说话时长保持一致，如图6-88所示。

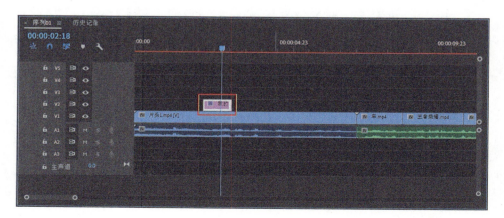

图 6-88

② 选中文字素材，在"基本图形"面板中，将字体设置为"Microsoft YaHei"，大小设置为"71"，"填充"颜色选择"白色"，"描边"颜色选择"黑色"，描边宽度设置为"5.0"，单击"对齐并变换"中的"水平对齐"按钮 ，将 y 坐标值设置为"1045.0"，如图 6-89 所示。完成后的效果如图 6-90 所示。

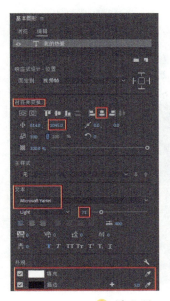

● 图 6-89

● 图 6-90

③ 同时按住 Alt 键和鼠标左键，将第一个文字素材向后拖动并进行复制，双击复制后的文字素材，将文字修改成第二句台词的内容，如图 6-91 所示。修改完的效果如图 6-92 所示。

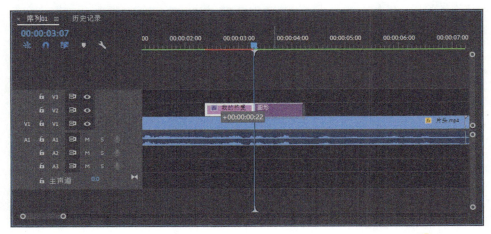

● 图 6-91

图 6-92

④ 按照上一步的操作方法,依次将剩下的文字输入至画面中,由于每个文字素材中的字数不统一,在修改完文字之后都需要单击"基本图形"面板中的"水平对齐"按钮 ,文字添加完后的效果如图 6-93 所示。

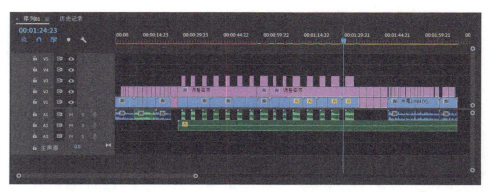

图 6-93

6.3.5 添加背景音乐

完成字幕的添加后,来到了本案例的最后一步——添加背景音乐。背景音乐是影片中不可缺失的重要组成部分,在画面中添加合适的背景音乐,能使视频更富有感染力,从而更能打动观众。接下来为大家介绍如何将背景音乐添加至视频中。

① 将"音频"素材箱中的"背景音乐.mp3"素材拖入"时间轴"面板的 A2 音频轨道中,并将其开头放在第一个文字动画结尾处的位置,如图 6-94 所示。

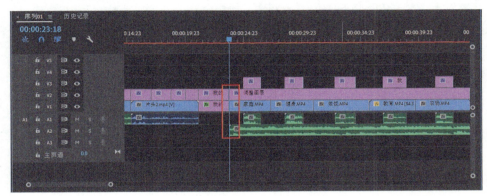

图 6-94

② 将时间针移动至影片的结尾处,单击"剃刀工具"按钮 ,将背景音乐切割开,如图 6-95 所示,选中后面多余的部分,按 Delete 键将其删除。

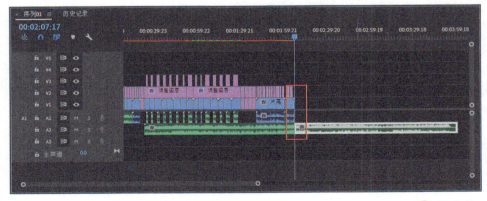

图 6-95

③ 背景音乐在影片中起到渲染气氛的作用，音量过大容易盖住人声。选中背景音乐素材，按快捷键 G 或单击鼠标右键，在弹出的快捷菜单中选择"音频增益"命令，如图 6-96 所示。

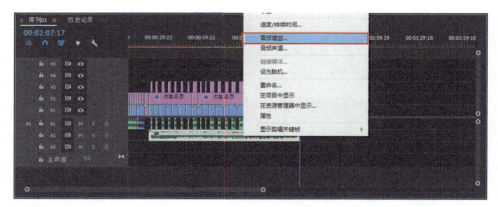

图 6-96

④ 在弹出的"音频增益"窗口中，将增益值调整为"-25"，如图 6-97 所示。

图 6-97

6.3.6 导出成片

对所有素材完成处理后，可在"节目"监视器面板中查看一下完整成片的效果。如果成片达到了自己预期的效果，可直接将成片导出。下面为大家介绍具体的操作方法。

① 在菜单栏中，执行"文件"|"导出"|"媒体"菜单命令，如图 6-98 所示，或按快捷键 Ctrl+M。

第 6 章 计算机剪辑技巧

图 6-98

② 在弹出的"导出设置"窗口中,将"格式"设置为"H.264","预设"设置为"匹配源-高比特率","输出名称"改为"我的热爱.mp4",其他设置不变,如图 6-99 所示,修改完成后单击"导出"按钮即可。

图 6-99

第7章
发布Vlog

当制作好一个完整的Vlog后,Vlogger如果想让更多的人看到自己的作品,就需要把制作好的Vlog发布至各个平台。大家熟知的社交分享平台有微信视频号、微博、B站、西瓜视频、抖音等,本章将选取几个适合发布Vlog的热门平台向大家介绍,并为大家分享一些运营技巧,希望大家能够在增加自己的Vlog的曝光率和提高播放量的同时,还能为自身带来一定的收益。

7.1 发布平台

如今，短视频类 App 不胜枚举，其功能也越来越完善和人性化。本节将为大家介绍几个热门的平台，大家可以根据自己 Vlog 的风格及各平台的特色选择适合自己的平台。

7.1.1 抖音

抖音是一款音乐创意短视频社交软件，自 2016 年上线以来，尤为火爆。其以"拍摄 + 音乐 = 短视频"的形态展示创作内容，品牌形象鲜明，深受年轻人的喜爱。用户可以通过这款 App 选择歌曲，拍摄音乐短视频，形成自己的作品。这款 App 也会根据用户的爱好，为用户推荐视频。

抖音在 2017 年 11 月开启了直播功能，在 2018 年 3 月推出了购物车功能，再到如今凭借着日平均播放量数亿次的成绩，已实现了"全民抖音"的盛况。抖音以内容运营为主，利用优质的内容引发用户关注。其视频种类、功能玩法丰富多彩。

抖音的母公司字节跳动拥有强大的算法技术，而抖音在内容推荐和分发上，将去中心化运用得很彻底，能够精准地定位目标用户。通过算法，抖音能够将优质的内容筛选出来，这些内容非常具有爆发力和感染力，这也是大家在浏览抖音上的短视频时，系统推荐的内容大多都是拥有十万甚至百万点赞量的作品的原因。

抖音在上线初期的定位是"音乐短视频 App"，其内容主要是与音乐相关的视频，随着用户规模的不断扩大，其内容也越来越多元化。现在打开抖音，能够看到各种干货知识、潮流炫技、萌宠、Vlog、影视剧剪辑等内容，抖音中的音乐节奏十分明朗强烈，对于如今追求个性和自我的年轻人来说，这款 App 能让他们以不一样的方式展示自我。图 7-1 和图 7-2 分别为抖音的 App 图标及其主界面。

图 7-1

图 7-2

抖音的多元化内容吸引了不少年轻的用户，再加上 Vlog 的火爆与流行，在抖音中也有不少视频创作者开始上传 Vlog，在搜索框中输入"Vlog"进行查找，能够看到相关话题和 Vlogger 发布的动态，如图 7-3 和图 7-4 所示。

图 7-3

图 7-4

抖音平台的视频一开始的时长限制为 15 秒，2019 年 4 月，平台宣布对普通用户开放 1 分钟视频时长的权限，伴随着这一变化的是"Vlog 10 亿流量扶持计划"的开展，即针对优秀作品和创作者，给予一定的流量扶持，他们还有机会获得抖音 Vlogger 认证的奖励。抖音的 Vlog 扶持计划，吸引了不少 Vlogger 在抖音发布 Vlog，抖音既抓

第 7 章 发布 Vlog

住了 Vlog 的风口，又丰富了平台的视频内容。

2020 年 6 月，抖音 MCN 官方发布通知，抖音的视频时长再次延长，最长支持 15 分钟，但并不是所有的用户都能发布 15 分钟时长的视频。普通用户只能发布 1 分钟以内的视频，当粉丝达到一定数量或创作者发布一定数量的优秀作品之后即可获得该项时长权限。那么如何在抖音上发布 Vlog 呢？方法很简单，接下来就向大家介绍具体步骤。

① 点击抖音页面中的 [+] 按钮，如图 7-5 所示；随后在手机相册中选择要发布的视频，如图 7-6 所示。

图 7-5

图 7-6

② 选择好视频之后，在不改变素材片段播放速度的前提下，如果对添加的素材片段长度不满意，可以点击右侧工具栏中的"剪裁"按钮，在编辑界面中通过拖动素材裁剪框的前端和后端来实现对素材片段长度的调整，如图 7-7 所示，裁剪完成，点击"✓"按钮。

③ 在编辑页面中，还可以对视频进行加工，如图 7-8 所示，可以为视频加上配乐、特效、文字、贴纸等，编辑完成后，继续点击"→"按钮即可。

④ 来到发布页面，在该页面中，可以为 Vlog 添加一些文字描述，并增加话题、@朋友、添加位置、设置观看权限等，如图 7-9 所示，完成之后，点击"发布"按钮即可。

197

图 7-7

图 7-8

图 7-9

7.1.2 哔哩哔哩弹幕网

哔哩哔哩（bilibili）弹幕网，是一个年轻人聚集的潮流文化娱乐社区，同时也是网络热词的发源地之一，它被粉丝们亲切地称为"B 站"。

B 站包含日常分享、游戏解说、电影电视、美妆时尚、科技数码和教学等各种分区内容，用户以年轻人为主，24 岁以下的用户占到了用户总量的 75% 左右，是一个年轻、活跃的在线视频平台，图 7-10 所示为 B 站官网首页。B 站中不同的分区有不同的风格，丰富多元的分区和内容能满足大部分人对视频网站 90% 以上的需求，这也是 B 站深受用户喜欢的原因之一。

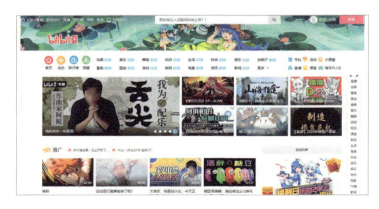
图 7-10

第 7 章 发布 Vlog

对于 B 站的创作者（又称 UP 主）而言，他们的主要收益来自粉丝的打赏，粉丝资源对于 B 站平台的作用是至关重要的，对于创作者而言也是内容变现的重要支撑。图 7-11 所示为哔哩哔哩 App 的视频打赏页面，用户通常是采用投币的方式进行打赏，因此对于 Vlogger 来说，在 B 站上发布优秀的作品，不仅能够让自己和自己的作品被更多的人看到，自己还有可能收获一批粉丝，并增加自己的收益。

● 图 7-11

B 站还有一个最大的特色，这就是悬浮于视频上方的实时弹幕。图 7-12 为哔哩哔哩 App 中的视频弹幕页面。

● 图 7-12

弹幕功能可以满足用户的倾诉欲和表达欲，能让用户实时分享自己的感受和心情，最主要的是弹幕能让用户产生一份参与感，因为大家在观看视频的时候会看得到别人的分享，满满一屏幕的弹幕，每个人都可以参与发送。

如今，几乎所有的视频网站都包涵了弹幕这一功能。弹幕发展到现在已经形成了一种独特的文化，不再局限于视频上。B 站作为中国弹幕文化兴盛之地，这里的很多热门弹幕带有特殊的含义,成了年轻人特别的语言,可以说 B 站已经渗透到很多年轻人的生活当中。

根据哔哩哔哩 2020 年第一季度的财报,B 站的用户日均使用时长达到 87 分钟,正式会员第 12 个月的留存率超过 80%,就连 10 年前的用户留存率也超过了 60%,如图 7-13 所示。

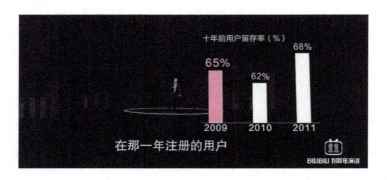

图 7-13

B 站是目前拥有多元化和全网较为优质的内容的视频网站,提供了广阔的消费空间。它打造了一个年轻的社区、一个共创的平台,年轻一代对 B 站有很强的认同感、归属感,因此对于 Vlogger 来说,在 B 站上传 Vlog 作品有着很高的曝光率。

在搜索框中输入"Vlog"可以看到一个专属于"Vlog"的频道,如图 7-14 所示。进入"Vlog"频道,能够看到"精选""综合""话题"等 3 个板块,如图 7-15 所示。由图中的数据可知,在 B 站中关注 Vlog 的人数是较多的,一些优质的 Vlog 已达到了上千万次的播放量。

图 7-14

图 7-15

7.1.3 西瓜视频

西瓜视频是字节跳动旗下的个性化视频推荐平台，由今日头条孵化。西瓜视频可以通过人工智能帮助每个用户发现自己喜欢的视频，并为视频创作者们提供一个向全世界分享自己作品的平台。图 7-16 为西瓜视频的首页。

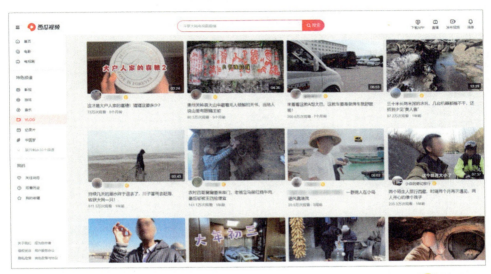

图 7-16

西瓜视频中有很多不同的频道，Vlog 就是其中一个单独分类的频道。在抖音、快手、B 站等平台吸引着年轻人目光的同时，低调的西瓜视频也在快速发展，其在极短的时间里成为国内短视频领域的一个重要平台——日均播放量超 40 亿次，同时用户日均使用时长超 70 分钟。

国内的短视频平台的竞争是非常激烈的，但西瓜视频依旧能够快速生长，这离不开它的算法分发机制，算法决定了平台向用户推荐什么内容。对于 Vlogger 来说，在西瓜视频上传作品也是有着一定优势的。与抖音、快手等短视频平台相比，用户在西瓜视频上能够上传的视频时长更长。

自 2020 年 6 月 8 日起，西瓜视频正式面向所有用户和创作者免费开放短视频 4K 画质，这一功能吸引了不少用户和视频创作者的入驻，毕竟免费提供 4K 画质的视频平台还是屈指可数的，如图 7-17 所示。该平台中有不少视频创作者上传了 4K 画质的视频。

图 7-17

如腾讯视频、爱奇艺等以长视频版权 IP 内容为主的视频平台，引入 4K 画质的主要目的就是吸引用户，提升观看的体验感，而西瓜视频属于"PUGC（Professional User Generated Content，专业用户生产内容）+ 视频综合平台"，其引入 4K 画质不仅能吸引用户下载使用，还能让视频创作者拥有发布 4K 高清视频的机会，并留在平台。

那么如何在西瓜视频上发布 Vlog 呢？方法很简单，接下来就向大家介绍具体步骤。

① 在西瓜视频首页的底端，点击"视频"按钮，如图 7-18 所示。接下来可以直接进行拍摄，也可以在手机相册中选择已制作完成的 Vlog 素材。在西瓜视频中，是可以选择多个视频素材的，如图 7-19 所示，随后点击"导入"按钮即可。

② 选择好视频之后，还可以对视频进行调整，如图 7-20 所示，"剪辑""音乐""美化""字幕""特效"等操作均可在西瓜视频中完成。

图 7-18　　　　　图 7-19　　　　　图 7-20

③ 在"音乐"页面中，点击"添加音乐"按钮，即可在页面中选择合适的配乐，如图 7-21 所示。

图 7-21

④ "美化"页面用于添加滤镜和进行人像美颜。在"滤镜"页面中，有多种滤镜种类可供选择，如"通用""人像""美食""风景""电影"等，选择其中一种，

并点击"应用到全部"按钮即可，如图7-22所示。

⑤在"字幕"页面中，有"识别字幕"和"添加字幕"两种添加字幕的方式，如图7-23所示。

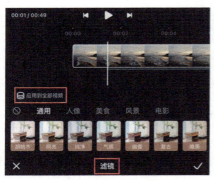

图 7-22

图 7-23

⑥视频编辑完毕之后，点击"下一步"按钮，即可进入发布页面，填写标题、简介等资料，如图7-24所示，填写完毕后，点击"发布"按钮即可。

图 7-24

以上即为在西瓜视频中发布Vlog的具体步骤。在西瓜视频上发布视频，可以获得创作收益，无论是对于新人还是有经验的Vlogger而言，西瓜视频都是一个不错的平台。

7.1.4 微信视频号

如微信的官方介绍,微信视频号是一个人人可以记录和创作的平台,也是一个了解他人、了解世界的窗口。从产品本身来看,微信视频号在呈现形式上与抖音、快手、B站、西瓜视频等视频平台是不同的。从微信视频号的官方资料可知,微信视频号鼓励用户分享原创的内容,搬运和侵权的内容不仅不会得到平台的推荐,上传者还有可能受到处罚。

目前来看,微信视频号与抖音、快手、西瓜视频等视频平台的核心算法不一样。三者虽然都会使用推荐算法,但是它们的算法之间又有细微的差别:抖音会通过算法将优质的内容筛选出来;快手的"发现"页面中视频的点赞量基本维持在几万至几十万次;微信视频号则没有采用纯个性化算法推荐机制,它更多的是连通微信好友的社交关系,建立内容网状传播机制,基于"朋友圈"了解好友喜欢的内容,帮助用户发现潜在的兴趣爱好。

从位置上看,微信视频号位于微信"发现"页面中"朋友圈"的下方,微信视频号的位置与"朋友圈"基本平级,非常有利于培养用户的使用习惯。它与微信"朋友圈"相比,同样支持发布文字、图片和视频等内容,不同的是,在"朋友圈"中,只有好友能看到彼此的动态,它是一个私域流量池;而在微信视频号中,用户不仅能刷到好友发布的动态,还能刷到一些知名艺人、"大咖"的动态,是一个"私域+公域"的流量池。

自微信视频号内测以来,各大新媒体"达人"纷纷入驻,他们看好微信视频号在未来的发展,这也吸引了不少Vlogger入驻微信视频号。用户如果在搜索框中输入"Vlog",能够看到不少相关用户和视频动态,如图7-25所示。

图 7-25

你好，短视频！从零开始做Vlog

截至2021年6月30日，微信月活跃用户达12.5亿人，再加上微信视频号的推荐机制，用户能够看到好友点赞过的视频动态，对于视频创作者来说又增加了一种曝光的途径，因此微信视频号也是一个不错的平台。在微信视频号上发布Vlog的方法也很简单，接下来就向大家介绍相关步骤。

① 打开"我的视频号"页面，点击"发表视频"按钮，如图7-26所示。

② 用户可以选择直接拍摄视频并发表，也可以从手机相册中选择视频，如图7-27所示。

③ 选择好视频后，可以对视频进行简单编辑，如图7-28所示。

● 图7-26　　　　　　● 图7-27　　　　　　● 图7-28

通过视频编辑界面中的功能按钮，用户能对视频进行更多的编辑操作，使其效果更加生动。视频编辑界面中各功能按钮的介绍如下。

- **表情按钮** ☺ ：用于在视频中添加表情图案，用户可以将喜欢的表情图案放在视频中的任意位置，如图7-29所示。

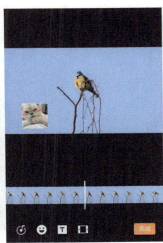

● 图 7-29

- **文字按钮** T：用于在视频中添加字幕，输入文字即可添加字幕并可将其放在视频中的任意位置，如图7-30所示。

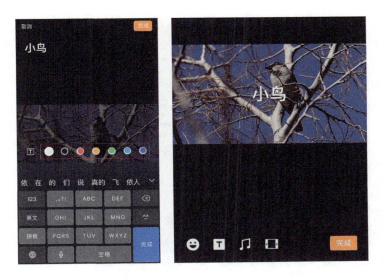

● 图 7-30

- **音乐按钮** ⊙：在微信视频号中，用户可通过点击该按钮为短视频配上背景音乐，可选择视频号中推荐的音乐，也可通过搜索框进行搜索并选择需要的音乐，如图7-31所示。

图 7-31

- **剪辑按钮** ：在不改变素材片段播放速度的前提下，如果对视频素材片段的长度不满意，可以通过拖动素材裁剪框的前端和后端来实现对素材片段长度的调整。图7-32所示即为裁剪界面，向左拖动素材裁剪框的后端，可以将片段缩短；向右拖动素材裁剪框的前端，也可将片段缩短，如图7-33所示。

图 7-32　　　　图 7-33

④ 编辑好视频之后，点击"完成"按钮，即可完成编辑，如图7-34所示。

⑤进入发表页面,可以点击"选择封面"按钮,选择视频中的任意一帧作为封面,如图7-35所示。

 图7-34

图7-35

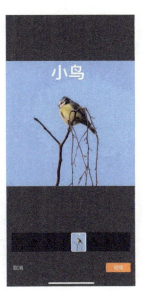

⑥完成上述步骤之后,点击"发表"按钮即可。当然,用户还可以对视频进行添加描述、选择定位、添加话题、扩展链接等操作。

以上即为在微信视频号中发布Vlog的具体步骤,新手也能轻松上手。

7.1.5 小红书

小红书是目前人气火爆的信息分享平台,也是受到年轻人喜爱的一款 App,特别是深受年轻女性的青睐。在这个 App 上,不少女生都在与陌生人分享自己的美妆、搭配心得和好物。随着注册用户的增多,小红书不再满足于仅仅作为一款社交 App 而存在,它大胆迈步,引入了电商模式,成了一个全新的以女性用户为主的内容平台。这样的转变让小红书吸引了更多的用户,也吸引了一些商家和品牌入驻。

女性消费者是诸多消费行业的购买主力军,她们不但对服装、美妆等产品的投入比较大,在家用快消品、科技产品上同样付出了不少。女性消费者大多强调美感,要求有生活品位,小红书恰好展现了此前所有社交 App 和电商平台中没有出现过的对于女性的"偏爱"。

小红书上的年轻用户具有超强的活跃度和较强的分享欲、购买欲,与小红书"标记我的生活"的口号十分契合,这个拥有高质量用户群的分享平台也吸引了一些 Vlogger 和知名艺人入驻。在小红书首页的搜索框中输入"Vlog",能看到日常、学习、自律、留学等不同类型的 Vlog 主题,以及一些与 Vlog 相关的创作者,如图 7-36 所示。

图 7-36

那么，在小红书中，用户应如何发布 Vlog？发布操作与其他平台有什么区别？接下来向大家简单介绍。

① 打开小红书 App，在首页的底端点击 ➕ 按钮，然后在相册中选择素材，也可以直接进行拍摄，如图 7-37 所示。

图 7-37

② 选择好素材之后，在小红书内也可以进行编辑（编辑页面的下方有多种功能可以使用，在此不再赘述），随后点击"下一步"按钮即可。值得注意的是，在小红书中发布的视频时长最长为 300 秒，如图 7-38 所示。

③ 在发表页面中，填写标题、添加正文，并选择参与话题、添加地点，完成后点击"发布笔记"按钮即可，如图 7-39 所示。

你好，短视频！从零开始做Vlog

图 7-38

图 7-39

7.2 运营技巧

通过对前面章节的学习，相信大家对 Vlog 已经有了一定的了解，对于拍摄视频也掌握了一定的技巧。要想做好 Vlog，前面的内容只是基础，运营才是重中之重。本节将从几个方面向大家介绍一些运营方法，让你的 Vlog 播放量大幅增加。

7.2.1 与用户互动

在运营 Vlog 时，很多人只是把自己当成内容的生产者，忽略了与用户的互动。这样一来，运营者就只是做了自己喜欢做的事，而忽视了用户的感受，长期如此，即使能够产出优质的视频内容，也会遭遇瓶颈，关注量的增长速度会变得很缓慢。由此可见，评论区是 Vlogger 需要重视、利用起来的一个板块。

以微信视频号为例，如图 7-40 所示，该视频动态的评论高达 10 万多条，评论会根据点赞量的多少排列。用户在评论区中点击评论者的名字就可以跳转至其微信视频号。这意味着如果你的评论别具一格，就会吸引趣味相同的用户进一步了解你，点

第 7 章 发布 Vlog

击你的名字，进入你的微信视频号。因此，微信视频号的运营者除了发布自己的内容外，也可以在其他热门视频中进行评论，与他人互动，吸引用户了解自己，这也不失为一个用户运营的好方法。

对于微信视频号运营者来说，在发布作品后，如果有用户对作品进行评论，可以对优质评论点赞。这样一来，这些用户的评论就会列入前排，如图 7-41 所示，对用户的评论进行点赞也是一种与用户互动的好方法。

图 7-40

除了点赞之外，更好的方法是和用户直接互动，回复用户的评论，这种互动方式的黏性更高，如图 7-42 所示。

我们在运营 Vlog 账号时，要重视与用户互动，保持自己账号风格的统一。除了前面所提到的与用户互动之外，还可以在视频中引导用户关注，如"感兴趣的话点点关注""点个赞，下期告诉你们答案"等。

图 7-41

图 7-43 为 B 站上的某知名 UP 主发布的 Vlog，该 UP 主在视频的结尾处加入了引导性话语"好啦 本期视频就到这里""长按点赞可以三连！"，引导用户点赞、投币、收藏，并关注后续的视频。总之，运营者要多与用户互动，展现自身的优势，吸引用户持续关注自己的内容。

图 7-42

213

你好，短视频！从零开始做Vlog

图 7-43

7.2.2 发布时间

在发布 Vlog 时，建议大家保持合理的发布频率，并进行精细化的管理，保持账号的活跃度，让每一条 Vlog 都尽可能地上热门。如果想要作品被更多人看到，除了运用前面提到的运营方法之外，还应选择在线用户多的时候发布 Vlog。

据统计，用户使用手机"刷"动态最多的场景是在饭前和饭后，在这段时间内，超过一半的用户会"刷"动态，也有一部分用户会利用碎片化时间看动态，比如在地铁上、在回家的路上、上卫生间时。如果是在周末、节假日及晚上入睡前，用户的活跃度会更高。由以上信息得出，最适合发布 Vlog 动态的时间段为以下 3 个。

① 星期五晚上的 6~12 点。

② 周末和节假日。

③ 除星期五外其他工作日晚上的 6~10 点。

以上列举的时间段只是一个参考，大家可以根据实际情况选择最适合自己的发布时间。同样的 Vlog 在不同的时间发布所取得的效果有所不同，在流量高峰期被用户看到的可能性更大。如果录制了好几条视频，切记不要一次性都发布出来，每条 Vlog 的发布都要与上一条 Vlog 有一定的时间间隔。

7.2.3 话题引流

由前面的内容可知，多个平台在发表 Vlog 的页面中都可以添加话题。那么这个功能有什么用呢？实际上，话题有很好的引流作用。

以微信视频号为例，添加话题后，用户在搜索关键词时也能搜到带有该关键词的视频动态，在搜索框内输入"# 热门 #"和"# 旅游 #"，即可出现带有"热门"和"旅游"话题的相关视频动态，如图 7-44 所示。这是一个增加视频曝光量的绝佳方法。

图 7-44

除此之外，在该话题页面中，用户能够看到与话题相关的视频，如图 7-45 所示。

图 7-45

由图 7-45 可看出,在话题页面中能看到一些相关的热门视频动态,这不仅能让这些视频动态获得大量用户的关注,还能让广大用户参与视频互动,提高用户的黏性和活跃度。添加话题的方式也很简单,在发布视频动态或图片动态时,点击"#"按钮,输入与作品内容相关的话题关键词,然后发表即可,如图 7-46 所示。

图 7-46

一条动态可以添加的话题不限个数,同一条动态可添加多个与之相关的话题,如图 7-47 所示。

图 7-47

不仅仅是微信视频号，在抖音中发表作品时添加话题也可以增加平台的推荐力度。在搜索框中输入"一个人旅行"，选择"话题"页面，可以看到很多的相关话题，如图7-48所示。点击其中的"一个人旅行Vlog"，可以看到很多与该话题相关的视频，如图7-49所示。

图 7-48

图 7-49

添加话题无疑是使视频获得平台推荐的"大招"，如果视频具有吸引人的创意和丰富的内容，其曝光率自然会提高，发布者为其加上话题还会让它吸引兴趣相同的用户点赞、评论和关注。

7.2.4 利用"@"功能引流

除话题引流外，还可以通过"@"功能引流。我们对于"@"功能并不陌生，自2009年9月25日新浪微博上线了"@"功能之后，"@"时代就开始了。

"@"功能常用于各大社交平台，比如微信"朋友圈"、QQ空间、微博等，在各视频平台中，这一功能大多都紧跟话题之后，点击"@"按钮即可选择其他关注的账号，也可以"@"自己。"@"同行"达人"可以给自己的Vlog带来一定的播放量。图7-50为微博的发表视频页面，用户点击"@"按钮即可选择相关联系人。

例如，新华网于2021年6月在微博发布的一条以"中国航天测控人眼睛红了"为话题的内容中，就"@"了"我们的太空"微博账号，如图7-51所示。

你好，短视频！从零开始做Vlog

图 7-50

图 7-51

7.2.5 互推引流

通过在视频中、评论区等地方与拥有众多粉丝的"大号"互推的方法，建立视频号营销矩阵（两个或两个以上的视频号运营者，双方或者多方之间达成协议，进行粉丝互推），这样能够达到共赢的目的。

我们在运营视频号时，可以与其他Vlogger合作，与其他Vlogger约定好，以有偿或无偿的方式给对方的Vlog进行推广。同领域互推可以增加自己Vlog的曝光量，是一种快速增加粉丝数量的方法。它能够在短时间内帮助视频号运营者获得大量粉丝，效果非常可观。

在账号互推时，值得注意的是，寻找的互推账号尽量不要与自己是同一类型的，因为同类型的两个账号之间存在着竞争关系。两个或多个账号进行互推时，尽量寻找与自己有互补性的账号进行合作。

第 8 章
Vlog的变现

从图文时代的微博、公众号、今日头条,到短视频时代的抖音、快手等,再到Vlog的流行,内容营销再次迎来了红利期,数以亿计的用户成为移动互联网用户,在此基础上,视频市场爆发式增长。本章就向大家介绍容易变现的Vlog类型和Vlog的变现方法。

8.1 容易变现的Vlog类型

除了娱乐和分享外，对于真正想做 Vlog 的个人和机构来说，变现是其最终目的。那么做 Vlog 能不能像做短视频一样进行变现呢？答案当然是肯定的。本节将主要为大家分析容易变现的 Vlog 类型。

8.1.1 美食美景

在各平台中，分享美食美景的 Vlog 非常多。美食能够让大家享受视觉盛宴，更能够满足大家的味蕾，让大家发现新的生活方式；美景能够激起大家说走就走的心灵共鸣和浪漫情怀，让因为生活和工作不能随时出发的人产生心灵上的满足感。

美食类的 Vlog 有很多细分种类，比如制作过程展示、街头美食品尝、美食推荐、食谱搭配等。图 8-1 为 B 站某位 UP 主的视频主页，该 UP 主分享了一些减脂食谱，从第一期开始到笔者著书之时已连续更新至第 62 期，获得了大量的播放、粉丝、点赞和转发。

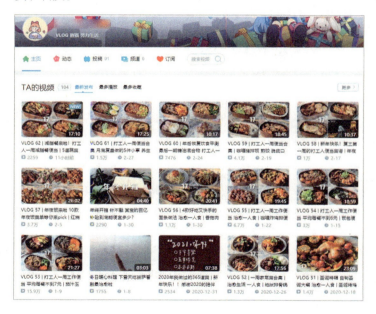

图 8-1

美景类 Vlog 以旅游类为主，下面主要介绍一下旅游类 Vlog。旅游类 Vlog 也包括多种类型，比如旅行"达人"、旅行攻略、景点推荐、出行手账等。图 8-2 为抖音中的一位旅游类 Vlog 博主的账号，该博主做了一个"旅行 Vlog"合集，并在视频中

第 8 章 Vlog 的变现

分享了自己在旅行途中的所见、所闻、所感,获得了很多粉丝的喜爱。这个合集虽然截至笔者著书之时才更新到第 10 集,但已收获了 800 多万次的播放量。

图 8-2

8.1.2 测评

测评类 Vlog 也是非常常见和受欢迎的一种类型。图 8-3 为 B 站测评类 Vlog 的动态,这些 Vlog 的播放量大都不错,播放量达到十万次甚至百万次的都有。

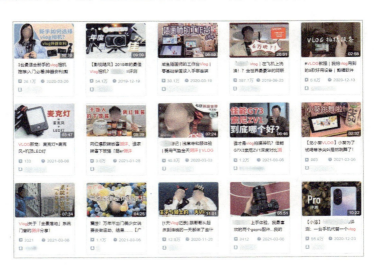

图 8-3

221

不仅仅是B站，微博、小红书、抖音等多个平台都有不少测评类Vlog，数码、彩妆、服装等都可开箱测评，并且有不少用户会观看。因为这种测评类Vlog能够很好地击中用户的痛点，使用户在购置之前就对产品有较全面的了解。

图8-4为笔者在B站发布的智云M2测评Vlog的截图。Vlogger为粉丝分享、推荐好物，不仅能够为粉丝带去福利，也能拉近与粉丝之间的距离，专业的测评还能让粉丝更加信赖自己。

图 8-4

8.1.3 知识

如果你在某个领域有丰富的经验或过人的成就，那么是能以Vlog的形式录制自己的线上课程的。由于目前国内很多Vlogger处于初期阶段，如果有人可以运营一个有一定体量的账号，再将其中的经验总结为一门网络课程，并以此教新人和不会运营Vlog的人运营Vlog，那么这个课程是具有很大市场的。

目前，各大视频平台中有很多Vlogger和互联网自媒体人都在做Vlog教程类的课程，而且效果都还不错。图8-5为抖音上的知识干货类Vlog的截图。

第 8 章 Vlog 的变现

● 图 8-5

当然，除了 Vlog 教程类，其他很多行业的账号也能通过干货类视频达到变现的目的。比如，销售类账号可以录制能使销售业绩显著提高的课程；健身类账号可以打造开发瘦身食谱、一对一定制瘦身计划的课程；育儿类账号可以策划一套培养孩子的良好习惯和高情商的课程。

对于某些领域的自媒体账号来说，如果自身不适合为消费者提供实体类产品，那么知识变现就是一种很好的途径。只要你拥有足够多的"干货"内容，就能开设课程赚取收益。

8.1.4 热门内容

Vlogger 如果想通过视频内容吸引庞大的流量来变现，就应该紧跟潮流，有效地借助热点来打造话题。热点是指在一段时间内能引起广大群众关注的信息。以热点话题作为 Vlog 内容，既能较好地打开话题，又能够提高和增强用户的兴趣和参与感，并与用户产生互动。而且，热点信息自带较高的流量，关注热点信息的人都有可能成为 Vlog 的观众，并成为 Vlogger 的关注者。充满话题性的 Vlog 更能打动人心，从而引起热烈讨论，扩大 Vlog 的传播范围。

除此之外，当下的热点可以帮助你的 Vlog 登上平台热搜，被更多人关注，吸引平台上的用户，从而带来巨大流量。而且，热点包括不同的类型，涵盖了社会生活的方方面面，比如社会上发生的具有影响力的事件，或者是富有意义的节日、比赛，抑或是知名艺人、热播的影视剧等。图 8-6 为西瓜视频上的两个以当时热播剧《隐秘的角落》为标题的视频截图，这两个视频都获得了不错的播放量。

223

你好，短视频！从零开始做Vlog

图 8-6

8.1.5 个人IP

在各种不同领域的 Vlog 账号中，还有一类账号是专门打造个人 IP 形象的，这类账号在 Vlog 账号中也是比较常见的。拥有一个好的 IP，无论通过什么类型的主题，都可以打造出一个独具风格的形象。图 8-7 为西瓜视频中某知名 Vlogger 的主页及其视频截图。

图 8-7

第 8 章 Vlog 的变现

IP 类的账号在积攒了一定数量的粉丝之后，可以通过接广告、直播、带货等形式进行变现。图 8-8 为抖音中某 Vlogger 的账号主页及其抖音商品橱窗的截图，她主要发布一些旅行 Vlog 和生活点滴类 Vlog，在吸引了大量粉丝之后，她在抖音商品橱窗中加入了一些商品链接，实现了变现。

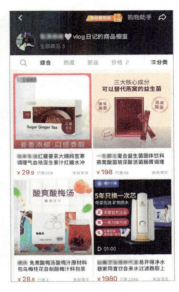

图 8-8

以上 5 种类型均为比较容易变现的 Vlog 类型。当然，以上 5 种类型并不能概括全部容易变现的 Vlog 类型，仅供参考。无论创作哪种类型的 Vlog，只要持续经营自己的 Vlog 账号，Vlogger 都有途径实现变现。

8.2 Vlog 的变现方法

上一节分析了容易变现的 Vlog 类型，在变现之前，Vlogger 还需要对变现及其相关内容进行必要的分析。具体来说，需要做好以下 3 个方面的分析。

一是明确变现途径。

Vlogger 首先要明确自己所做的领域能够实现怎样的变现，因为只有明确了变现的方向、产品与服务，在营销的过程中才能更准确地实现变现。相信阅读过 8.1 节内容的读者，已经对自己 Vlog 的变现方向有了一定的想法。

二是思考为什么能变现。

Vlogger 在借助产品和服务实现变现时,需要思考用户为什么会购买你推荐的产品和服务。你需要站在用户的角度思考,是你推荐的产品在质量上有优势,还是在服务上有优势?抑或是你推荐的产品性价比很高?总之,在变现之前,Vlogger 需要设身处地为用户考虑,如果你自己都不愿意购买自己推荐的产品或服务,那就说明计划需要调整。

三是思考如何变现。

在实现变现的过程中,最大的问题就是"如何变现"。Vlog 变现的方法很多,每种变现方法的效果都不一样,而 Vlogger 需要做的就是选择适合自己的变现方法。当然,Vlogger 可以同时使用两种或两种以上的变现方法。

接下来将向大家介绍 Vlog 的变现方法。

8.2.1 流量变现

本书第 6 章中向大家推荐的平台都拥有巨大的流量,而对于 Vlogger 来说,在利用被吸引过来的流量实现变现的过程中,借粉丝的力量实现变现也不失为一种好方法。流量变现的关键在于吸引用户观看你的 Vlog,然后通过 Vlog 的内容引导平台用户,从而达到变现的目的。

以西瓜视频为例,创作者在发布视频时,可以参与平台的活动,以此赢取奖金,如图 8-9 所示。

图 8-9

第 8 章 Vlog 的变现

除了参与平台的扶持计划获得奖励之外,Vlogger 在平台发布优质的 Vlog 内容也可以获得奖励。在西瓜视频发布 Vlog 之后,只要 Vlog 的播放量达到 1 万以上,Vlogger 即可直接获得收益,如图 8-10 所示。Vlog 的播放量越高,收益也越高。对于原创者和新人来说,流量变现是最直接的一种变现方式。

● 图 8-10

8.2.2 广告变现

除了流量变现之外,另外一种常见的变现方式就是广告变现。虽然目前各大平台还未推出与 Vlog 相关的专业的广告变现工具和渠道,但从各大平台的发展趋势来看,Vlogger 在积累了一定数量的粉丝之后,广告变现是一种很好的变现渠道。Vlogger 在平台中积累的粉丝越来越多,其知名度就会越来越高,流量也会越来越多,这时候自然会有很多广告商主动找到这样的 Vlogger,希望他能够利用自己的知名度和流量,推广他们的产品或服务。除此之外,Vlogger 还可以接产品品牌广告。以微信公众号为例,很多知名度高的账号的广告费高达几十万元一条。

广告变现在短视频中其实覆盖面很广,适用于 90% 以上的短视频团队,其中也包括 Vlog。因此,它是一种较为主流的变现方式。本小节将为大家介绍 Vlog 具体是如何通过接广告实现变现的,希望能对大家有所帮助。

1.Vlog 广告中的 3 种角色

Vlogger 如果想在后期利用视频所积攒下的粉丝和流量来变现,首先要了解 Vlog

广告中的几种角色和变现的基本流程。Vlog 广告主要包括广告主、广告代理公司，以及 Vlogger 或 Vlog 制作团队等 3 种角色，三者各司其职，相互配合，实现变现。

（1）广告主

广告主就是品牌、企业或者商家等有推广需求的人或组织，是设计、制作、发布广告活动的人，可能是销售或宣传自己产品或服务的商家，同时也可能是联盟营销广告的提供者。

不难看出，企业的营销形式逐渐从传统的图文形式向视频形式发展，视频广告和传统广告的不同，主要体现在以下 3 个方面。

① 浏览视频比浏览图文更加快捷，每个用户每天会浏览几十、上百个短视频，因此视频广告与图文广告相比，具有碎片化、用户接触频率更高的特点。

② 视频广告的互动性比图文广告更强，用户可以随时互动。

③ 使用过微信视频号、抖音、B 站、西瓜视频等平台的用户都知道，平台会根据用户的浏览习惯和喜好给用户推荐视频，这样用户刷到的视频都是自己感兴趣的。因此，视频广告的投放会更加精准。

相较于传统广告来说，视频广告不仅具备以上几个优点，其投入成本也更低，可以更精准地触达品牌受众。因此，视频广告目前已经基本成为广告主选择合作对象时的标准配置。

（2）广告代理公司

对于传统广告行业的从业者而言，想要转型打造一个比较成功的 Vlog 账号无疑是有难度的。想要完成一个完整的视频营销，需要营造一个良性的视频生态圈，还需要覆盖各大视频平台、视频"达人"资源、MCN 资源等。而广告代理公司则扮演了一个很专业的角色。广告代理公司是提供市场营销服务的公司，可以为广告主提供定制化的部分或全流程广告代理服务。这类公司拥有更多的广告渠道资源和"达人"资源，更加专业，通常能够制作更美观、更精良、更贴合品牌特性的短视频广告。

广告代理公司主要起媒介作用，在变现流程中，广告代理公司也并非必要角色，因为广告主可以直接和 Vlogger 合作，这样不仅可以节省大量费用，Vlogger 也能够获得更高的收益。

尽管如此，很多大型企业及知名度高的品牌依旧会选择和广告代理公司合作。除了因为广告代理公司能够帮助广告主找到领域更垂直的"达人"之外，相较于 Vlogger，广告代理公司的管理、视觉包装、策划都更专业，在专业团队的运营操作下，广告变现的整个流程会更加顺利。

（3）Vlogger 或 Vlog 制作团队

最后一个角色就是 Vlogger 或 Vlog 制作团队，他们是 Vlog 广告变现的关键因素，Vlog 广告的策划、拍摄、出境、内容、后期、剪辑等一系列工作都要由这个 Vlogger 或 Vlog 制作团队来完成。

站在 Vlogger 或 Vlog 制作团队的角度来看，他们不仅要考虑广告主和自己的收益，更要考虑广告主是否能够为自己的粉丝带来优质的产品，同时还需考虑视频的内容质量。只有高质量的内容才能吸引粉丝的关注并与其产生互动。

2.Vlog广告的变现流程是什么

了解了 Vlog 广告变现应具备的基本角色之后，我们再来了解其变现的基本流程。在 Vlog 的多种变现方式中，广告变现是一种较为直接的变现方式。只要拥有足够数量的粉丝，在视频中植入广告主的产品或服务，就能够获得广告费，当然也要保证一定的广告效果。

Vlog 广告变现有很多种形式，如冠名、浮窗 Logo、贴片广告、内容创意软植入、卖货植入式广告等。图 8-11 所示为抖音中的一个创意植入式广告，该视频创作者以"自己学习制作第一条 Vlog 的经历"为主题，在视频末尾分享了自己学习英语的方法，并在评论处植入"词汇直播课"的广告，以此达到了营销的目的。

图 8-11

再如,图 8-12 为抖音中的一个卖货植入式广告。该视频创作者在 Vlog 中分享了自己的日常生活,自然地在平台"小黄车"上添加了 Vlog 中使用的漱口水的链接。

图 8-12

以上两种类型的广告都是比较有创意的，用户较容易接受，所以变现效果好。不过，各大短视频平台的视频创作者的运营水平参差不齐，变现效果也不同，所以我们在变现之前，应先创作出好的内容，积攒粉丝和人气，才可能在未来以接广告的方式实现变现。

那么短视频变现的流程到底有哪些呢？一共分为以下5步。

（1）规划并做好预算

当广告主有为产品或服务做广告的打算时，广告主首先会对广告预算进行规划，然后选择广告代理公司进行合作，或直接与Vlogger或Vlog制作团队进行沟通。

（2）洽谈价格

当广告主明确自己的推广需求之后，根据合作的方式、投放广告的时长、Vlogger的影响力及其粉丝数量等各方面条件，与合作方商量价格，以一个双方都满意的价格达成合作。

（3）团队创作

广告主要和Vlogger或Vlog制作团队充分沟通各种重要事项，一起商量内容、脚本等细节问题。

（4）开始拍摄

Vlogger或Vlog制作团队在实际拍摄视频时，由广告主或广告代理公司进行把控，避免后期产生修改的风险，减少成本，抓牢质量。

（5）渠道投放

视频制作好之后，需要投放至相应的短视频平台，吸引用户的观看和关注，并对后期的宣传进行维护。

8.2.3 IP变现

Vlogger可以把个人IP做成品牌，当其粉丝达到一定数量后可以向娱乐圈发展，如拍电影、电视剧，上综艺节目，甚至当歌手等，实现IP的增值，从而更好地进行变现。

以笔者自身为例，笔者有幸成为CCTV-4（中央电视台中文国际频道）的《世界听我说》的常驻辩手及嘉宾，如图8-13所示；还成为《一站到底》有史以来第一位"躺赢"的选手，并参与了美剧《血族》《行尸走肉》等的拍摄。

图 8-13